AI와 자기 결정

인공지능총서

인공지능 시대입니다. 기계가 인간의 인지를 대신하고, 사물이 인간을 통하지 않고 다른 사물과 직접 커뮤니케이션합니다. 이에 따른 인간 삶과 문명 변화를 정확히 이해·예측·대응하는 것은 이 시대 우리 모두의 과제입니다. 인공지능총서는 인공지능 기술과 환경의 여러 주제를 10가지 키워드로 정리합니다. 관련 개념과 이론, 학계와 산업계의 쟁점, 우리 일상의 변화를 다룹니다. 인간과 기술의 현재, 미래를 세심히 분석합니다.

일러두기

- 인명, 작품명, 저서명, 개념어 등은 한글과 함께 괄호 안에 해당 국가의 원어를 병기했습니다.
- 외래어 표기는 현행 어문규정의 외래어표기법을 따랐습니다.

처음이세요?

전문가세요?

AI와 자기 결정

이희옥

대한민국, 서울, 커뮤니케이션북스, 2025

AI와 자기 결정

지은이 이희옥
펴낸이 박영률

초판 1쇄 펴낸날 2025년 9월 15일

커뮤니케이션북스(주)
출판 등록 2007년 8월 17일 제313-2007-000166호
02880 서울시 성북구 성북로 5-11
전화(02) 7474 001, 팩스(02) 736 5047
commbooks@commbooks.com
www.commbooks.com

ISBN 979-11-430-0789-6 03500

책값은 뒤표지에 표시되어 있습니다.

차례

왜 지금 자기 결정인가

인공지능의 혁신은 기계가 인간의 크고 작은 과업을 대신해 수행하리라는 인류의 오랜 꿈을 현실 가까이 앞당기고 있다. 그 명칭이 '4차 산업혁명(Industry 4.0)' 또는 '지능 정보화' 등 또 다른 무엇으로 운위되든 간에 오늘날 인공지능은 예견만큼 실재적이다. 몇 해 전 챗지피티의 등장은 인공지능을 더 이상 추상적인 기술이 아님을 선연히 보여 주었다.

기존에도 인공지능 기반 챗봇은 있었지만, 기계 스스로 언어 학습을 통한 글쓰기, 번역, 학습, 코드 생성 등이 가능한 것은 아니었다. 언어를 통해서 체계화되는 인간의 사고 체계를 인공지능이 모사하기 위해서는 다름 아닌 '인간어' 학습이 수반되어야 했기 때문이다. 그러다 기업들이 대규모 언어 모델(Large Language Model, LLM)의 개발에 점차 성공하면서 인류의 첫 번째 '대화형 에이전트'가 등장했다. 이로써 그 전까지 연구자 또는 일부 개발자들의 성역으로 여겨진 인공지능이 누구나 쉽게 접근할 수 있는 일상의 영역으로 성큼 옮겨 오게 되었다.

인공지능 기술의 고도화와 인공지능 기반 서비스의 상용화는 인간의 의사 결정에 도전을 가져온다. 궁극적으로 인공지능은 자율화(autonomous)를 지향한다. 이때 인공지능의 의사 결정에 인간의 개입이 허용되지 않거나 인간의 의도와는 무관한 결과가 수행된다면 인간의 자율성이 침해될 수 있다. 예를 들어 인공지능 전처리 과정에서 인간을 수치화하거나 분류 대상으로 본다면, 인간의 인격성에 대한 침해 현상이 나타날 수 있다.

이러한 문제의식에서 인공지능 혁신이 거듭될수록 두드러지는 기술의 본질적 위험은 인공지능이 의사 결정의 주체인 인간을 객체로 보아 인간의 자기 결정을 위협하는 것에 있다고 할 수 있다.

그런데도 그동안 인공지능의 법적 위험은 인공지능으로 인한 공정성(차별), 개인정보, 프라이버시, 저작권 등의 쟁점이 주로 논의됐고, 자기 결정이라는 본질적 문제에 대해서는 등한시된 경향이 있다. 아무래도 '자기 결정'이라는 철학적 – 법학에서도 법철학과 같은 기초법 분야에서 다루는 – 개념을 구체적 사안을 다루는 법적 논의에서 다루기까지 무르익을 시간이 필요했을 것이다.

법학에서는 자기결정권을 헌법상 인간의 정체성을 지

탱하는 헌법상 가치이자 기본권의 하나로 인정해 왔다. 현대 사회에서 자기결정권은 국민의 일상생활에 영향을 주는 다양한 영역에서 발견되어 가는 것이 특징이다.

오늘날 인공지능의 혁신은 인간의 편익을 극대화하고 인간으로서 갖는 물리적 한계를, 기계를 통해 극복하는 데 있다. 인간의 행복에는 태생적으로 주어진 것 이외에 환경적인 제한에서 스스로 결정권을 쥐는 것에 있다. 그래서 인간의 자기 결정은 삶의 철학이자 인간 존엄을 지키는 전제다. 따라서 인공지능 시대 자기결정권의 독자적 보호 내용과 기본권으로서의 헌법적 의미가 체계화되는 것이 중요하다.

문제는 국내에서 자기 결정에 관한 헌법적 논의의 진척 없이 인공지능의 의사 결정에 대한 규범적 대응이 윤리 원칙에 머무르고 있는 사이 개인의 권리가 무방비로 노출되고 있는 점이다. 특히 글로벌 거대 기술기업의 윤리 원칙은, 그 이면에 강대국의 기술 패권주의가 숨어 있어 있으며 국가와 자국민에 대한 권리 침해에 실체적 규범으로 작동하기 어렵다.

2025년 1월 국내에서도 유럽연합에 이어 전 세계에서 두 번째로 인공지능 일반법(「인공지능 발전과 신뢰 기반 조성 등에 관한 기본법」, '인공지능 기본법')이 마련되었다. 그러나 그 전까지 한동안 국내에서 인공지능 위험에 대응해 국가 공동체와 국민의 권리 보호를 위한 법적 장치는 사실상 공백 상태였다고 해도 과언이 아니다.

인공지능이 자동화에서 자율화로 진화하는 시점에서 법규범은 인류 최후의 통제 장치가 될 수 있다. 그런데 발표된 인공지능 기본법은 인공지능 위험이 기본권에 미치는 영향의 정도와 입법 대응 간 비례성이 준수되지 않아 '차등 규율의 필요성' 등 비판을 면치 못했다.

인공지능으로 인하여 발생하는 법적 문제와 관련한 기존의 법리는 침해 사실 여부 판단, 손해에 대한 입증을 전제하므로 사후적 해결 방책에 국한되어 작동할 수 있다. 그렇다고 신기술에 대한 사전적 규제는 인공지능의 발전을 저해할 수 있어 문제가 된다. 이러한 점에서 제정법이 채택한 규율 대상과 규율 방법은 기본권에 미치는 영향이 미미한 위험에는 강화된 규제로서 작동할 수 있는 반면에, 정작 기본권에 중대한 영향이 있는 위험 대응에는 한계를 갖고 있다.

이는 입법 이전에 국민의 기본권에 대한 인공지능 위험 영향의 본질을 반영하지 못했기 때문이다. 인공지능 위험에 대한 입법에는 반드시 새로운 현상에 대한 헌법적 통찰이 필요하다. 이렇게 보는 이유는 인공지능이 초래하는 공정성, 편향의 가속화, 프라이버시 침해 문제의 본질에는 '인간 존엄', '인간의 자기 결정'에 대한 위기 문제가 존재하기 때문이다. 이에 인공지능에 대응한 개인의 자기 결정에 관한 헌법적 토대가 국민 권리 보호의 구체화인 입법 근거로 제공되는 것은 당연한 일이다.

이 글은 인공지능이 인간처럼 스스로 학습해 의사 결정에 이르는 환경에서 인간이 주체로서 존중되기를 기대하며, 저자의 박사학위 논문인 "인공지능 의사결정에 대응한 자기결정권의 보장에 관한 연구"(이희옥, 2020)에서 논증한, 헌법상 '자기 결정'에 관한 내용을 책으로 엮었다. 이 책에서 전달하고 싶은 또 하나의 중요한 메시지는, 목적지를 가늠하기 어려운 인공지능 시대를 살아가는 우리 스스로에 대한 각성이다. 행복한 삶은 우리 자신이 누구이며, 무엇을 원하는지 알고, 인생의 중요한 순간에 각자가 주인이 되어 하나뿐인 삶을 존엄하게 살려는 인간의 본질적 욕구를 실천하는 데 있다.

이를 위해 기술 시대에도 우리 스스로가 인생의 주인이 될 수 있다는 의지 '인공지능 시대 자기 결정'이라는 베틀에 씨실과 날실을 준비했다. 날실은 자기 결정을 이루는 헌법상 기본권의 보호 영역이고 씨실은 인간의 자기결정권을 돕는 주변의 가치와 개념이다. 나아가 인공지능 시대를 살아가는 개인의 시각에서 인공지능 결정 시스템을 수용하고 대처하는 방법을 이야기하고자 한다. 가능한 만큼 인공지능 시대, 새로운 공동체의 제도와 리더십 등 수많은 변화에 대응할 수많은 방법에 앞서, 인간이 인간답게 살아가려는 정체성의 정립 과정을 여러 각도로 살피고자 한다.

자기 결정의 완결성은 어쩌면 허상에 가까운 이상이거나 그 자체로 절대적인 가치가 아니다. 다만 급진적 변화 속에서도 나름의 기준을 갖고 베틀을 왔다 갔다 하다 보면, 각자의 정체성에 가까운 자기 결정의 옷감이 짜질 수 있을 것이다.

이 책의 짜임

이 책에서는 인공지능 시대를 살아갈 현대인이라면 누구라도 맞닥뜨릴 자기 결정의 문제를 다양한 관점에서 살펴보고자 10개의 아이템을 채택해 논의를 전개한다.

1장 '자기 결정적 삶'에서는 인간의 자기 결정적 삶이 의미하는 것이 무엇인지 살펴본다. 사람들은 누구나 자신의 인생에서 주인이 되기를 원한다. 자기 스스로가 인생의 주인이라는 이상은 법적 이상에 국한되지 않는다. 자신의 삶을 스스로 결정한다는 이 당연한 인간의 권리는 역사상 근현대사를 통해 쟁취되어 온 결과였다. 오늘날에도 자기 결정에 관한 의식은 모두의 마음속에 열정과 공감을 불러온다. 다만 이전과 다른 점은, 과거에는 자기 결정에 관한 권리를 쟁취할 대상이 명확했던 반면에 지금에 와서는 '인공지능'이라는 정체가 파악되지 않은 존재를 마주하고 있다는 것이다.

이 장에서는 자기 결정적 삶에서 전제되어야 할 요소를 하나씩 꺼내어 들여다본다. 인간은 독립적으로 삶의 크고 작은 문제를 결정하기를 원하지만, 타인과 환경으로부터도 영향을 받는다. 그 영향이 인간 결정에 자율성을 침범할 때 우리는 그것을 '외압에 의한 강요'로 여긴다. 반대로 자신과 소통하는 사회의 규범이나 공동체 이익의 문제에 공감하고 질서를 이루는 것도 자기의 결정에 필요하다. 이러한 관점에서 사회적 동물로서의 인간이 내적 독립성을 지키면서 특정한 세력과 권력에 굴하지 않고 자기 결정에 이르는 요소를 찾아본다.

2장 '자율성, 두 가지 자유'에서는 자기 결정이 전제하는 자유의 두 가지 개념을 다룬다. 자유는 자유권적 기본권의 기초가 되는 헌법적 가치다. 인간의 존엄에 근거한 자기결정권의 개념적 표지가 될 수 있다. 이사야 벌린(Isaiah Berlin)이 제시한 자유의 두 개념을 빌려서 인공지능 의사 결정에 대응한 인간의 자기 결정이 추구하는 자유의 본질을 알아본다.

3장 '자기 인식과 인공지능의 조정'에서는 자기 결정의 전제 조건으로서 '자기 인식'의 방법과 '인공지능의 조정'이 갖는 독성을 다룬다. 때때로 우리는 극심한 인생의 피로감 앞에서 타인이나 기계에 우리의 결정을 맡겨 버리고 싶은 심정이 들기도 한다. 혹은 나태와 권태가 몰려올 때 스스로 결정권을 슬며시 미뤄 두기도 한다. 그런데도 우리 중에서는 타인의 꼭두각시가 되고 싶은 사람은 아무도 없다. 자기에게 영향을 미치는 결정들에서 주도권을 쥐고 주체적인 결정을 하기 위해서는 문제에 이르는 과정에서 자기 인식과 상황 판단이 필요하다. 이 장에서는 인공지능의 미묘한 조종과 그에 굴하지 않으려는 인간의 욕구를 살펴본다.

4장 '타인의 시선과 '사회적 정체성'에서는 사회적 존재로서 인간의 정체성에 대해서 살펴본다. 인간은 사회적인 동물이다. 주체적인 인격체는 타인과의 상호작용을 통해 자신의 가치관과 행동 방향을 결정하여 자신만의 개성을 갖고서 세상으로 나갈 수 있어야 한다. 인공지능에 조종당하는 것과 인간의 정체성을 지키면서 도움이 되는 방향으로 인공지능을 사용하는 것에는 어떤 틈이 있을까? 이 장에서는 이 질문에 대한 해답을 찾아가고자 한다.

5장 '인공지능 결정 시스템의 유형'에서는 인공지능 시대를 맞이해 일상에서 우리의 삶에 영향을 줄 수 있는 인공지능시스템에 대해서 알아본다. 오늘날 인공지능 시스템은 채용 · 심사, 복지 · 행정, 금융, 사법심사(범죄예측) 등 다양한 영역에서 사용된다. 이때 나타난 기본권 침해 요소가 우리나라의 인공지능 기본법을 비롯한 인공지능 규율에서 중요해질 것이다. 이에 인공지능 시스템의 유형과 위험에 대해서 알아본다.

6장 ' 과학 중립성의 착시와 인공지능 윤리'에서는 인공지능은 과학에 기반한 기술이어서 인간의 이해가 개입되지 않는다는 주장을 비판적으로 살펴본다.

현대 사회에서 과학은 인간 사회에 중대한 영향을 미쳤다. 이에 과학과 기술의 차이점과 상호 간의 관계를 알아보고, 과학 기술의 가치 중립성에 대해서 따져본다. 탈냉전 시대를 더 이상 유지하지 못할 것이라는 우려 속에서 인공지능이 국가 간 경쟁 구도를 어떻게 만들지도 관건이다. 이 가운데 인공지능 윤리론의 한계를 살펴본다.

또한 이러한 문제의식에서 인공지능 알고리즘의 중립

성을 기술에 위임하는 것이 적정한지를 질의해 본다.

7장 '헌법상 자기결정권의 진화'에서는 앞에서 다양한 시각에서 살펴본 인간의 자기 결정에 대한 개념 표지를 통해서 법학에서 자기결정권이 인정되어 온 흔적을 살핀다.

자기결정권은 시대의 패러다임이 바뀔 때 인간 존엄에 대한 강력한 요구로부터 발견되어 가는 특징이 있다. 그동안 헌법의 역사상 자기결정권이 독자적인 기본권으로 인정된 예를 살펴본다. 현대 사회 자기결정권의 위상은 보다 중요해지고 있지만, 이에 대한 논의는 충분하지 못하다. 이 장에서 다루는 자기 결정의 접근은 헌법적인 관점에서 자기 결정의 실체적 권리성의 토대가 되는 기본권으로서 자기결정권에 관한 것이다.

8장 '개인정보자기결정권의 한계'에서는 인공지능에 대한 대응으로, 여전히 '개인정보'에 대한 개인의 통제권을 자기결정권의 핵심적 내용으로 보는 국내의 논의를 비판적으로 살핀다. 인공지능 위험에 대하여 인간의 존엄과 정체성에 토대한 자기 결정의 본래 의미가 중요한 시점에서 개인정보자기결정권을 통한 법적 대응이 적절하지 않음을 주장한다. 개인정보자기결정권은 정보화 시대 '개인정보'의 보호 필요성에 따라 인정된 개인의 개인정보 통제권을 주된 내용으로 하므로, 인공지능 결정에 대응한 인간의 자기결정권의 개념 표지로 삼기에는 지나치게 제한적이다.

9장 '인공지능 시대 자기결정권의 독자적 인정'에서는 그동안 다룬 논의를 바탕으로 인공지능에 대응한 자기결정권이 헌법상 독자적 기본권으로 자리매김할 필요성에 대해서 다룬다.

인공지능 결정 위험은 기본적으로 인간의 정체성과 자율성에 대한 도전을 가져온다. 인공지능의 의사 결정은 개인이 인식하지 못한 순간에 인간의 고유한 의사 결정 영역을 침해할 수 있다. 이때 진정한 자기 결정은 인공지능의 영향력을 배제하는 것이 아니라, 개인의 일상 영역에 영향을 인식하도록 돕고 '선택'과 '통제'의 수단을 제공함으로써 자유로운 인격적 발현의 종국에 가까운 자기 결정에 나아가도록 하는 것에 있다.

마지막 10장 '자기 결정의 신화와 선의지'에서는 자기 결정에 대한 한계를 다루며, 이를 보완하는 인간의 선의지에 대해서 다룬다. 인공지능에 대응해 자기결정권을 보호하는 방안은 법 정책적으로 접근될 수 있다. 한편 아직 기술이 일정한 서비스나 시스템으로 구현되지 않는 영역에서는 사업자의 자율 규제로 대응할 수 있다.

이른바 자기결정권은 완결한 가치일 수는 있어도 그 실현이 무한대로 인정되는 절대적 가치는 아니다. 왜냐하면 자유에 근간한 자율성의 실현은 나와 타인 간의 적정한 거리를 전제로 가능하기 때문이다. 모든 규범은 자기 결정의 주체를 보호하는 것, 이해 관계인들에게 자율준수를 향한 의지를 담보한 윤리 규범을 만드는 것, 국가가 앞서 살펴본 자기 결정의 환경이 제한된 계층에 대해서 공적 지원을 하는 것에서 가능하다.

이렇게 인공지능 시대 자기 결정을 주제로 10개의 아이템을 다뤘다. 자기 결정은 인간이 인간답게 살아가는데 없어서는 안 되는 덕목이자 고유한 권리다. 이 책에 담은 기술 환경에서 자기 결정에 관한 소재는 저자의 묵혀 둔 연구 결과의 일부다. 그러나 그 시작은 오래전 영화인 〈터미네이터2〉에서 미래의 여전사 사라 코너가 새긴 '운명은 없다. 우리가 스스로 만들어 가는 것일 뿐'이라는 글귀에서 시작했다. 물론 실제 인류가 마주할 미래 기술의 위험은 SF 영화에서 다루는 위험과는 사뭇 다른 것이다. 하지만 중요한 것은 인간의 자율성을 존중하는 것은 다름 아닌 인간 스스로 내적 의지에 있다는 점이다.

자유에 기반한 창의적 사고야말로 신이 인간에게 준 가장 큰 선물임을 생각한다. 기술은 인간에게 위협이 되기만 해서는 안 되며 안전하게 효용을 추구하는 대상이어야 한다. 본격적인 인공지능 시대를 맞이해 각자가 투철한 자기 인식을 통한 진취적인 인격성을 발휘하는 세상을 만들어 갈 수 있기를 소망하며, 이 책의 모티브가 자기 결정을 고민하고 연구하는 분들에게 도움이 되기를 바란다.

참고문헌

이희옥(2020). "인공지능의 의사결정에 대응한 자기결정권의 보장에 관한 연구". 한양대학교 대학원 박사학위논문.

01
자기 결정적 삶

인공지능에 대한 유토피아적 기대감이 고조되고 있다. 과연 미래 기술 사회는 인류가 원하는 방향으로 흘러갈 것인가. 인공지능 알고리즘은 논리(logic)에 따른 결정으로 일상의 곳곳에 영향을 미친다. 데이터와 알고리즘의 예측 결과에 인간의 미래를 온전히 맡길 수 있을까? 인공지능 시대 무엇이 가장 인간적인 결정인가에 대한 답은, 기계가 아닌 자신과 세상에 대한 나의 인식에서 출발한다.

AI와 1인 창업?

인공지능 시대, 인간 존엄

인간은 누구나 삶에서 주도적인 역할을 하기를 원한다. 근래 우리 사회에서 '자기 효능감', '자존감'이라는 키워드에 열렬히 반응하는 현상은 결국에 스스로 인생의 주인으로서 결정하고 싶은 욕구를 반영한 것이다.

자기 결정은 인간 존엄을 지탱한다. 인간 존엄은 헌법상 최고 가치이자 어디서나 존재하는 인권의 최고 개념이다. 인간은 개성을 표현하고, 세계와 소통하면서 자기 결정을 실현한다. 이 때문에 인류 역사상 인간의 표현 행위는 인간이 존엄한 존재로서 대우받는 것에 중요한 의미를 부여해 왔다.

이때 주체적으로 생각하는 인간은 자유로운 상태에서 자기 결정을 실현하고, 삶에 스스로 결정권을 가질 때 비로소 행복에 이른다. 이것이 바로 인간이 자기 결정을 추구하는 이유다.

오늘날 인간 존엄과 행복추구권은 헌법상 기본권으로 인정된다. 우리 헌법은 제10조에서 "모든 국민은 인간으로서의 존엄과 가치를 가지며, 행복을 추구할 권리를 가진다"라고 정하여 인간 존엄과 행복추구권을 명시하고 있다. 현대 사회에서 국가는 국민의 인간다운 생활을 할 권리와 행복을 추구할 권리를 보장하기 위해서 존재한다고 하여도 틀린 말이 아니다. 따라서 인간 존엄은 헌법의 궁극적 존재 이유이며, 최고 이념이라고 할 수 있다. 헌법은 인간 존엄을 최우선으로 하는 국가의 기관을 구속하는 최고의 규범이다.

한편, 인간 존엄과 행복추구권은 우리에게 친숙한 용어로 국가의 최고법인 헌법에도 명시됐지만, 다분히 추상적이고 모호한 개념이기도 하다. '인간 존엄'의 의미를 본질적으로 제시하고 정의하는 일은 사실상 불가능하다. 좀 더 솔직히 말하자면, 아마 인간 존엄을 정확하게 밝히는 일은 신의 영역이 아닐까?

개념적 특성 때문인지, '인간 존엄'은 헌법재판소나 재판관의 주장을 정당화하는 데 사용된다는 비난을 사기도 했다. 예를 들어 사형 제도의 위헌성 여부를 판단하는 판결에서 인간 존엄은 합헌 의견과 위헌 의견 모두에서 근거로 언급되었다. 이른바 '장식용 언어'라는 비판을 피하지 못했던 이유는 인간 존엄에 관한 내용이 헌법적 논의에서도 충분하지 못해 피상적 수준에 있음에 있을 것이다.

이러한 실정에서 인간 존엄의 사실상 규범적 기능은 때때로 모호하다. 하지만 인간 존엄은 최고의 객관적 규범이자 나머지 헌법 조항과 법령 해석의 기준이다. 어떤 법규범이 완전치 않을 때 인간 존엄은 그 틈을 보완하는 근거가 되는 원칙으로 작용했다. 정리하면 인간 존엄은 다소 추상적이고 모호한 성격이 있지만, 시대의 변곡점에서 해석의 폭을 넓히고 개별 사안의 속성과 결부돼 구체성을 낳는다.

현대 사회에서 인간 존엄은 자유를 기반으로 한 인간의 자기 결정 위에 행복감을 느끼는 일에서 비롯될 수 있다. 인간 존재에 대한 별다른 가치 증명이 없이도 개별적 상황에서 자유 의지를 실현하는 조건을 발견하는 것으로 인간다움을 찾을 수 있다. 인식과 표현은 자기 결정의 전제 조건이며 인간은 외부와 소통하며 내적 규율을 통해 자기 결정에 이른다. 다시 말해 인공지능 시대 인간 존엄은 자기 결정의 개념 표지를 밝히는 것으로도 충분히 의미가 있으며, 이를 통해 사법적 기능에 필요한 자기 결정권을 구체화하는 일에 도움이 될 수 있을 것이다.

언젠가 인공지능이 인간의 모든 결정을 대신한다면 인간에게 주어진 결과물은 인간의 결정일까? 아니면 인공지능의 결정일까? 미리 인정하건대 인간의 자기 결정은 인공지능 환경에서 어떤 개념으로 받아들여져야 하는지, 인간의 자율성은 어떤 의미인지는 분명하지 않다. 다만 주어진 상황에서 우리는 의지를 들여서 그 개념들을 하나씩 풀어 갈 수는 있을 것이다.

외부의 억압으로부터의 자유

누구라도 자신의 감정이나 생각대로 살기를 원한다. 아무리 좋은 조언이어도 내 생각과 달리 다른 누군가의 지시를 따르기보다 손해가 따르더라도 자기 뜻대로 하고 싶은 것이 인간의 본성이다.

우리는 모두 인생의 크고 작은 결정, 행동의 양식에서 타자로부터의 독립을 꿈꾼다. 군주의 독재, 부모나 배우자의 간섭, 고용주로부터의 강압에 인간은 자유를 상정하기 어렵다. 외부로부터의 압력과 강요는 설령 그것이 유익한 결과를 낳는다고 하여도 위협적으로 느끼는 것이다. 이뿐만 아니라 우리는 환경의 제약도 원하지 않는다. 어디에서 살지, 생계를 위해 무엇을 할지 결정할 때 타고난 조건 이외에도 물리적 한계에 아쉬워한다. 몇 해 전 코로나가 창궐하던 시기를 상상해 보라. 해외는커녕 학교와 직장에 가는 일과 같이 일상적인 경험을 막는 팬데믹, 전쟁, 가난, 물리적 환경 등은 모두 인간의 자기 결정을 방해한다.

하지만 세상과 타자에 대한 배려 없는 이기심은 자유의 한계를 벗어나는 일이다. 자기 결정은 무제한적이거나 절대적인 권리가 아니다. 인간은 타인과 어우러져 집단을 이루고 살아왔다. 이러한 이유로 내 자유의 한계가 타인의 자유를 보호하는 접점에 있을 수밖에 없다. 정보통신 기술의 발달은 세계를 통합하고 국경을 넘는 교류를 가능하게 했지만, 여전히 사람들은 국가의 규범, 지역적 · 윤리적 · 법적 규범 안에서 집단을 이루며 구성원으로서 살아간다.

각자가 속한 공동체의 규범 속에서 개인은 내적 규율을 통해서 사회적 정체성을 정립하면서 자기 결정의 기준을 견고히 해 나간다. 또 우리는 스스로 결정하는 인생을 위해서 외부로부터 부당한 통제가 없도록 견제하며 자신에게 맞는 사회적 규범을 각자가 내재화하면서 자기 결정의 삶에 참여하고 있다.

인공지능 자율화의 반(反)자기 결정성

인공지능이 자율성을 가진 범용인공지능(Artificial General Intelligence)에 가깝게 진화하면서 인간 자기 결정의 위상에도 영향을 가져올 것이다. 이에 인공지능이 인간의 의사 결정을 위임받아 인간을 대신하여 수행하는 '인공지능 의사 결정 시스템'이 보편화되는 것에는 명암(明暗)이 있다.

인간이 일상의 소소한 의사 결정을 인공지능에 위임하게 됨으로써 절약된 시간과 에너지를 상대적으로 가치 있고 중요한 일에 사용하게 되리라는 기술에 대한 기대의 실현은 인공지능의 명(明)이다. 반면 인공지능이 인간의 결정을 임의로 결정하는 상황에서 인간이 객체로 전락할 수 있다는 부정적 예측이 인공지능의 암(暗)이다.

기술의 변천사에 인간의 편익을 돕는 기계는 산업화를 거쳐 자주 등장했다. 다만 인공지능 환경에서 기계가 인간의 의사 결정을 위임받아 독자적으로 해낸다는 것은, 지난 정보화시대 컴퓨터가 디지털 처리해 인간의 정보 활동을 돕는 것과는 질적 차원을 달리하는 기술적 혁신이다. 기술적 맥락에서 정보화 시대 컴퓨팅 기술은 인터넷망에 연결됨으로써 정보 처리를 하는 보조적 도구였다면, 인공지능은 그야말로 인간의 지적 능력을 모사해 수행하는 에이전트다.

이러한 기술의 변화 속에서 인간의 자기 결정은 인간 존엄의 측면에서 더욱 중요해지고 있다. 바로 인공지능이 궁극적으로 완전한 자율성을 추구하는 과정에서 인간의 개입권이 얼마만큼 작동할지가 관건일 것이다. 인간의 자율성은 인간이 이성을 가진 존재로서 결정에 이르는 과정으로 설명될 수 있다.

인간의 의사 결정 과정이 '합리적 의사 결정'이라고 가정한다면, 이상적인 자기 결정에는 자기 입법(rule)과 자율성이 고려된 합리적 인간관이 전제된다. 자율성은 자유와 책임이 결합한 개념이다. 즉 자율적인 사람은 스스로 정한 규칙에 부합하도록 행동한다. 실제로 우리나라를 비롯해 대부분의 법체계에서는 합리적 인간관을 채택하고 있다.

제럴드 드워킨(Dworkin, 2012)은 인간은 비판적 숙고(critical deliberation)의 능력이 있어 의사 결정에 이른다고 한다. 비판적 숙고는 자율적인 환경에서 인간이 자신의 욕구나 희망, 선호, 신념과 같은 '일차적인 내적 동기들'을 인식하되 그가 속한 공동체의 윤리 등 상위 규범이나 가치에 대응시킴으로써 원래의 내적 동기를 수정하는 능력이라고 이해할 수 있다. 이러한 능력은 성숙한 인간의 사회적 가치판단을 거친 '수정된 결정 역량(second-order capacity)'으로 이해할 수 있다.

인간의 자율성은 이토록 자기 의지에 따른 결정과 행동으로 나타나지만, 타인의 간섭과 외적 억압으로부터 자유로우며, 정치적으로도 자유로운 가치다. 인공지능 의사 결정 시대, 기술이 인간의 삶의 결정을 대신하는 것은 기술의 간섭인가 아니면 보조 장치에 대한 인간의 위임에 불과할 뿐일까? 분명한 점은 인간이 개입하거나 그 결정을 거부하는 것이 기술적, 제도적으로 불편한 상황이 온다면 인간의 존엄과 자율성은 회복하기 힘든 위험에 처할 수 있다는 것이다.

이에 인간의 자율성에 대한 침해 판단에 대한 기준을 제안한다. 여기에는 주관적 요건에 관한 것과 객관적 요건에 관한 것이 있다. 먼저 주관적 요건은 인공지능 환경에서 개인에게 상황적 인식 능력과 가치 판단 능력이 요구되는데, 여기에는 언어 이해 능력 이외에 기술적 처리에 대한 이해와 통제 조건이 요구된다. 다음으로 객관적 요건은 인공지능 의사 결정에 대한 검증이 가능한 절차적 프로세스에서 고려되는 독립성 여부 판단기준이다. 인공지능 의사 결정에서 '개인에게 충분한 평가권과 대안 선택 가능성, 거절 또는 수락에 대한 절차적 프로세스가 적절히 제공되고 있는지'가 자율성 침해 요건으로 중요한 판단 기준이 될 수 있다.

참고문헌

신용인(2020). "위험사회와 안전권: 인간 존엄성의 필요조건, 안전". 《원광법학》, 36(3), 3~29쪽.

이희옥(2020). “인공지능의 의사결정에 대응한 자기결정권의 보장에 관한 연구”. 한양대학교 대학원 박사학위논문.

이희옥(2021). “인공지능 의사결정에서의 이익조정과 이원적 규제모델에 관한 연구”. 《행정법연구》, 63, 257~294쪽.

Dworkin, G.(2012). *The theory and practice of autonomy.* Cambridge University Press.

Wolff, R. P.(1970). *In defense of anarchism.* Harper & Row.

02
자율성, 두 가지 자유

인공지능은 인간의 지능을 모사한 자율성을 지향한다. 인공지능 시대, 인간은 기계에 자기의 행위를 지배하는 규칙과 결정을 실행할 수 있는 권리를 부여했다. 인공지능이 자율성을 획득하는 시대, 인간의 자유는 이전보다 구체적으로 설명될 필요가 있다. 인간의 자유는 두 가지 자유가 있다. 그중 적극적 자유는 인간이 자기 입법과 합리적인 계산으로 결정하는 자유로, 기술 사회 인간 존엄의 가치를 견고히 다지는 자기 결정의 핵심이다.

AI와 MBTI?

자율성을 지탱하는 두 가지 자유

인공지능의 의사 결정에 대응한 인간의 자기 결정의 '자유'의 속성 내지는 내용은 어떻게 바라봐야 하는가? 영국의 철학자이자 사상가인 이사야 벌린(Isaiah Berlin)은 《자유에 관한 두 개념(Two Concepts of Liberty)》(1969)에서 자유의 개념을 외부의 간섭이 없는 '소극적 자유'와 자기 지배를 중심으로 하는 '적극적 자유'로 구분했다.

자유의 개념을 이분화하는 것에는 이견이 있을 수 있지만, 이를 통해서 자유를 구체화함으로써 인간의 자유를 두텁게 보호할 수 있다. 인공지능의 의사 결정이 인간을 객체화하고, 절대적인 의사 결정에 대한 선택을 강요하게 되는 상황에서 자유란, "어떤 목적을 이루기 위한 수단이라는 생각을 거부"하는 대신, "똑같이 절대적인 요청들 사이의 선택이 전제된, 그 자체로 목적이 되는 것"이어야 한다.

이러한 목표에서 '적극적 자유'의 개념으로부터 인공지능 의사 결정에 대응한 인간의 자기 결정의 자율성이 전제하는 자유의 본질을 발견할 수 있다. 그러면 소극적 자유는 왜 의미가 있는가? 이사야 벌린은 '소극적 자유'에 관해, '타인들의 간섭이 없는 상태' 내지는 '타인으로부터의 방해가 없는 영역'이라고 정의했다.

소극적 자유는 인간 본성의 핵심이자 내적 자유 중에서도 포기할 수 없는 경계라고 할 것이어서 이야말로 인간 자유의 본질적 내용이다. 혹자는 이를 '진정한 자유'라고도 한다. 즉 소극적 자유는 나와 세계, 자신과 타자 간의 경계인 것이다.

다시 적극적 자유로 돌아가 보자. 적극적 자유는 인공지능 의사 결정이 나의 인격성과 나와 관계된 일을 결정하는 것에 대척하여 인간 스스로 방향과 목표와 정책을 인식 · 실현하려는 욕구와 상당히 일치한다. 이사야 벌린은 자기 지배(self-mastery)라는 은유를 통해서, 적극적 자유를 개인이 자아를 인식하는 과정으로 설명한다. 자기 지배는 지배적 자아가 타인과 사회의 가치와 상호작용을 하면서 사회화되고 진정한 자아 의제(impersonation)에 이르는 상태를 말한다.

정리하면 소극적 자유는 '내가 아닌 외부로부터의 자유(freedom from)'이고, 적극적 자유는 '내가 무엇을 향한 자유(freedom to)'라고 단순화하여 이해할 수 있다. 다시 말해 소극적 자유가 침해를 허용하지 않는, 보장되어야 하는 최소한의 자유라면, 적극적 자유는 사회의 가치들로부터 조정된 최대한의 자유라고 이해할 수 있을 것이다.

자유와 자유의 대립

인공지능의 의사 결정에서 돋보이는 갈등 중 하나는 권리 주체 간 자유의 대립 구도이다. 어쩌면 이러한 구도는 힘의 역학 관계에 따른 갈등일지도 모른다. 인권의 역사에서 절대 군주의 지배력에 대항하여 쟁취된 자유와는 사뭇 달리, 기술 사회에서는 국가와 기업, 그리고 개인이 서로 자신의 자유를 내세워 주장한다. 그러나 인간의 자유는 공동체의 정의 · 행복 · 안전 · 평등 그리고 문화의 가치를 위해서 제한될 수 있다.

이러한 상황에서 이사야 벌린의 자유의 두 개념을 빌려 자기 결정의 보호 범위를 조망하는 것은 중요한 의미가 있다. 기술을 둘러싸고 복잡하고 미묘한 이해의 구도에서도 자유는 구체적 상황에서 나와 타자 간 이익 조율(balancing)에 대한 실마리를 제공하며 자유의 한계를 가늠할 수 있게 한다.

또한 적극적 자유의 개념에서 인공지능의 의사 결정에 대응한 자기결정권이 전제한 자유의 개념적 표지를 발견하는 것은 자기 결정의 보호에 유리한 측면이 있다. 왜냐하면 자기 결정을 개인의 실체적 권리라고 할 때 구체적 상황에서 국가의 조력을 요구할 수 있는 적극적인 청구권적 권리로 접근할 수 있기 때문이다. 나아가 적극적 자유의 자기 지배(self-government)의 개념은 최종적 의사 결정에 관한 내용이다. 이는 자기 결정이 단순히 자신의 자아를 주장하는 데 그치지 않고, 타인과 사회적 가치와 조율하는 과정을 설명하는 데 효과적이다. 이 과정에서 드러나는 개인의 독립성, 자기 규율, 자기 지배의 충실 여부가 합리적 자기 결정의 자율성 침해 판단 기준이 될 수 있다.

자기결정권은 개인이 스스로 자기의 행위를 지배하는 규칙(rule)을 선택하고 그것을 실행할 수 있는 자유에 권리성을 부여한 것이다. 따라서 자기결정권의 핵심은 '자기 결정'을 보장하는 데에 있다. 우리나라의 헌법 제10조에서 보장되는 일반적인 인격권, 인간 존엄, 행복추구권은 인간이 자기답게 자유로운 결정을 할 수 있는 전제 조건이 된다.

여기서 자기 결정은 스스로 외부의 무엇을 향해서(to) '선택'할 수 있고, 간섭하는 무엇으로부터(from)의 '통제' 가능한 권리이어야 한다. 정보의 홍수에서 알고리즘은 선별된 선택지를 제공하지만, 추천 · 제공되는 편향된 데이터와 알고리즘의 처리는 개인의 자기 결정을 제한하는 측면이 있다.

인공지능 알고리즘이 제시하는 선택지는 인간의 자기

결정의 결과물은 아니다. 따라서 인공지능의 의사 결정이 인간 자신의 사실 인식과 가치 판단이 내재한 결정과 동떨어진 것으로 개인의 의지와 상관없는 인위적 개입이 될 때, 개인의 자기 결정을 위협할 수 있다. 데이터 처리와 알고리즘의 의사 결정은 지나치게는 '타인의 이해가 인위적으로 개입된 조정'이라고 이해할 수 있다. 컴퓨팅 기술의 귀납적 논리성은 수학적 방법으로 입증되기도 하지만 반박되어 오류가 인정되기도 했다.

많은 사람이 '흰색'의 백조만을 보았다고 해도 실제로는 '검은색'의 백조(Black Swan)가 존재하는 것처럼, 모든 결과의 예외성을 열어두어야 한다는 점이 인공지능 환경에 대응하는 인간의 자기결정권이 존중되어야 할 이유일 것이다.

인공지능의 의사 결정은 개인이 인식하지 못한 순간에도 이루어질 수 있다. 이러한 점에서 인공지능 환경에서 '자기 결정'의 가치를 보존하는 것은 중요하다. 국가는 인공지능의 의사 결정으로 인한 위험에 대응해 개인인 국민이 다양한 선택지에 대해서 통제하고, 선택할 수 있는 자유로운 자기 결정의 전제 조건을 마련해 주어야 할 것이다. 이때 국가의 자기결정권 보호 의무는 개인의 의사 결정에 영향을 미치는 다양한 외부적 요인들을 배제하는 것이 아니라, 그 선택지에 '선택'과 '통제'의 수단을 제공함으로써, 국민 개인이 자유로운 인격적 발현의 종국인 '자기 결정'에 나아갈 수 있게 지원하는 데 있을 것이다.

인공지능 자율화의 반(反)자기 결정성

누구나 자신의 감정이나 생각대로 살기를 원한다. 아무리 좋은 조언이라도, 때로는 손해가 따르더라도 타인의 지시보다 자기 뜻대로 하고 싶어 한다. 반면에 우리는 선호하지 않는 일에서는 게으름을 피우고 싶다. 가끔은 제법 자기와 관련된 결정의 영역에 속한 일인데도 누군가 대신해 주었으면 하는 것이다. 인공지능이 지난한 침체기를 겪으면서도 지금 눈부신 발전을 일으키기까지는 어쩌면 인간의 게으름의 공로가 컸을지도 모르겠다.

인공지능이 등장하기 이전에는 자동화 체계였다. 이는 "자기 추진력에 의해 움직이는 자발적인 것"으로서 사람이 개입하지 않아도 그 체계 안에서 반복되는 자동화 시스템을 말한다. 이에 인공지능의 역사는 자동화(automated)에서 자율화(autonomous)로의 진화 여정이라고도 할 수 있다. 인공지능은 인간의 지능을 모사하므로 '자율적(autonom, 독일어)'인 특징을 지향한다. 인공지능의 자율성은 인간의 특성에서 비롯되는데 인간처럼 사고하고 결정하여 수행하는 자율적 행위능력이 최종 목표일 것이기 때문이다.

한편, 자율화는 무엇에도 종속되지 않고 독립적인 자체 시스템에서 자발적으로 움직이는 특징이 있다. 자율화 체계는 다른 체계와 상호작용을 하면서 연계되고 스스로 판단, 결정하는 체제를 말한다. 기계가 자동화에서 자율화를 지향하는 것은 기술의 방향에서 당연하고 바람직하다. 현재는 생성형 인공지능의 등장으로 기술에 대한 기대감이 증폭되고 있기는 하지만, 완전 자율화로 가는 길목에 지나지 않는다.

한편, 기술적 측면에서 인공지능의 자율성은 인공지능의 구현에 인간이 개입하는 정도에 따라 성능과 인간의 책임이 구분된다. 예를 들어 자율주행 자동차는 자율운행의 수준에 따라 분류된다. 대표적으로 독일에서 자율주행을 6단계로 구분하고, 레벨 4부터는 고도 자율주행 자동차(highly automoted driving functions)로 보았다. 레벨 4부터는 운전자가 시스템을 감시할 필요가 없고 시스템의 요구에 제한적으로 운전자가 개입하는 단계로 보아 '자율주행 자동차'라고 하는데, 인공지능의 자율성이 확보될수록 운전자인 인간의 책임은 감소하는 것이다. 인간의 책임이 없으니, 그것으로 좋기만 한 것일까? 아이러니하게도 자율에는 자유와 책임이 함께한다. 인간의 책임 소지가 작아진다는 것은 자유 즉 자기 결정의 여지가 적어진다는 것을 의미한다. 나와 관계된 일에 결정권이 줄어든다는 것은 나의 입지가 줄어든다는 것과 일맥상통한다.

미래에도 인간의 의지와 무관하게 인간의 자율성이 제한되는 일은 없어야 한다. 인공지능의 자율성은 인간에 대한 반(反)자기 결정성을 갖고 있다. 기계가 구축한 체계에 구애받지 않으려면 인간의 나태함을 이겨내는 필사의 의지가 필요하다.

참고문헌

이희옥(2020). "인공지능의 의사결정에 대응한 자기결정권의 보장에 관한 연구". 한양대학교 대학원 박사학위논문.

헌재 2009.5.28. 2006헌바109 등. 《헌법재판소판례집》, 21-1하.

Berlin, I.(1969). *Four essays on liberty*. Oxford University Press.

03
자기 인식과 인공지능 조정

현대 사회를 살아가는 우리는 인공지능이라는 큰 강물을 맞닥뜨리고 있다. 이 강물이 몰려올 때 그 흐름에 휩쓸려 가지 않기 위해서는 우리 자신을 잃지 않게 하는 나침반이 필요하다. 스스로 사고한다는 것은 인간이 외부의 영향에 휩쓸리는 소극적인 존재가 아닌, 흐름을 주도하는 적극적인 의지적 존재임을 증명하는 일이다.

AI와 난임 극복?

자기 인식

자기 결정은 스스로 결정하는 능력이다. 인간은 내적 사고와 세상과의 상호작용 속에서 자신의 감정과 생각을 결정한다. 우리의 삶은 셀 수 없는 숱한 경험과 외부로부터의 영향이 결합해 이루어진다. 제아무리 주체적인 사람이라도 혼자만의 의지로 정체성을 만들어 가는 것은 아니다. 하지만 외부의 영향이 인간의 결정을 압박하는 고삐가 된다면 주체적 의사 결정은 점점 힘들어질 것이다.

앞으로 펼쳐질 사회에서는 인공지능 기술에 압도되지 않고 주체적인 삶을 사는 것이 인간의 덕목으로 꼽힐 것이다. 인공지능은 인간의 지능을 모사하고 의사 결정을 대신한다. 그런데 인공지능이 하부 시스템에 명령하고, 데이터 경험을 학습해 재현, 반복하는 과정은 인간이 아닌 기계의 경험이다. 물론 처음에 데이터를 제공하는 것은 인간이며, 그 또한 우리의 경험에 기반한 것일 테지만, 기계의 경험에 인간이 속수무책으로 적응되기만 한다면, 인류의 삶은 인공지능의 시행착오를 펼치는 장인 무대일 수밖에 없다. 어느 SF 영화에 나오는 물리적 존재의 지배를 당하는 인류의 모습은 결코 인간의 미래 사회의 모습은 아니다. 다만 스스로 사고하기를 포기하려는 습관에 의해서 인간의 자기 결정이 말뿐인 허울로 전락하지 않으려면 적극적인 자기 인식이 필요하다.

그렇다면, 자기 인식은 무엇인가. 자기 인식은 타인과 세상으로부터 적정한 거리를 유지하기 위한 자기 돌봄에 가까운 내적 정보 처리라고 할 수 있다. 바로 자기 스스로에 대한 파악과 인식을 통해서 나의 소망과 바람이 외압이나 맹목적인 동조가 아닌 '선택'이 되는 과정이다.

오늘날 인공지능의 의사 결정 시스템이 자기 결정과 결부돼 중요한 테마인 이유는 개개인을 타인과 세상으로부터 달리 보고, 달리 생각하게 하는 능력에 영향을 줄 수 있기 때문이다. 자유라는 것은 나를 타인과 다른 존재로 표현하고 세상에 존재를 입증하는 방식으로 자기 결정을 지지하곤 한다. 자유를 통한 개성의 발현은 인간 자율성의 가장 중요한 가능성이며, 인간이 삶을 살아가는 방식이 된다. 그런데 이 방식에는 수많은 방식이 있을 수 있고, 이는 결정의 가능성에서 인식과 상상력을 열어 두는 일이다.

이러한 점에서 인공지능 시대에 인간 스스로가 기계에 운전대를 내어주는 일은 사실상 자기 결정의 경험을 포기하는 일과 다름이 없다. 그런다고 여기서 '포기'라는 것이 늘 부정적이기만 한 것은 아니다. 모든 경험을 스스로 체화할 이유가 없듯이, 어떠한 경험에 대해서는 포기하고, 이를 통해서 새로운 경험을 획득할 시간과 에너지를 투자할 기회를 얻는다.

동시에 '인공지능으로 인한 인간 존엄 침해'라는 우려의 시각도 존재한다. 기존에 자동화된 시스템에서는 인간이 마음먹기에 따라 우리의 의도와 잘못된 현상에 대해서 되돌릴 수 있었다. 반면에 인공지능 환경에서는 기술의 복잡성, 불가해성 등으로 인간이 개입하기가 어려운 블랙박스 현상이 존재하고, 기술적 개입이 어려운 단계에 봉착한다. 문제는, 이는 비단 기술적 현상에서만 그치지 않고, 사고의 단조로움과의 싸움을 포기해 버린 무뎌진 인간의 이성과 감성에 심각한 영향을 끼친다는 점이다.

인공지능 조정의 독성

인간이 자신의 자아상을 형성하고 유지하는 것은 생각만큼 쉽지 않다. 이는 자기 자신과 세상의 경험을 하나의 일관된 가치나 생각으로 정립하는 과정이라고 할 수 있다. 이른바 '자기 결정'은 우리의 뇌를 관장하는 중앙시스템 어딘가에서 절대적인 명령으로부터 내려와 저절로 되는 것이 아니다. 우리의 자아상은 절대 손댈 수 없는 신성불가침한 것이 아니며, 자기 결정은 일정한 감정과 의지, 외적인 환경에 의해서 형성된다. 그런데 이러한 구조 변경에 '인공지능'이라는 커다란 변수가 나타난 것이다.

미국의 시민단체인 '무브 온(Move on)'의 이사장인 일라이 파리저(Eli Pariser)는 저서 《생각조정자들(The Filter Bubble:What the internet is hiding from you)》(2011)에서 '필터 버블(filter bubble)'라는 용어를 제시한다. 필터 버블은 이용자가 스스로 지각하고 있는 것과 무관한 수많은 개인화된 알고리즘에 둘러싸이는 것 혹은 가까운 현실 세계에 강하게 영향받게 되는 소위 '이용자 견해 고립 현상'을 뜻한다.

당시 일라이 파리저가 필터 버블을 통해서 말하고자 했던 것은 검색엔진에서 사용되는 알고리즘의 편향으로 인한 조정에 대한 경각심이었다. 여기에 나아가 오늘날 기업들은 알고리즘 최초 설계 단계에서 이용자의 근본적인 요구에서 변형된 콘텐츠, 상품, 서비스를 추천할 수 있고, 이용자가 좋아한 경험과 유사한 경험치를 제공함으로써 상업적 목적에 유리하게끔 인공지능 기술을 구현할 수 있다. 인공지능의 기계학습은 데이터 분석을 통해 우선순위, 분류, 연관 지음, 필터링과 같은 데이터 전

처리 과정을 거치면서 개인의 특성과 개성을 일반화·패턴화한다.

같은 방식에서 개인의 정보에 대한 성향이 분석되고 있으며, 상품에 대한 소비 성향, 정치적·사회적 선호가 인공지능 알고리즘이 반영된 동영상 콘텐츠로 끊임없이 제공되고 있다. 이제는 뉴스마저도 쇼트폼 형태로 제공되고 있다. '뉴스 소비의 스낵화' 현상은 매체나 형식에 구분 없는 이 시대의 저널리즘 소비 행태를 방증하기도 한다. 그야말로 알고리즘에 사로잡히기 딱 좋은 세상에서 살고 있다.

이러한 현상은 인간을 객체화시키며, 인공지능의 의사 결정에 대한 의존도가 높아질수록 가속화될 것이다. 예를 들어 유튜브(YouTube)를 자주 보는 사람이라면 알고리즘 추천 영상을 접하게 되는데, 처음에는 흥미로운 밈(meme) 영상을 시작으로 유사한 영상을 접하게 된다. 그러다 어느 순간 유사한 콘텐츠를 소비하는 행동, 스타일, 문화적 요소가 비슷한 사람들로 그룹화된 특정 정치 성향이나 자극적인 콘텐츠로 유입되게 될 것이다. 일부 주체성을 가진 사람을 제외하고 대부분은 "다들 이렇게 생각하는군"이라고 여과 장치 없이 수용할 것이다. 이러한 현상은 인간을 수동적으로 만들고, 기존의 확증 편향을 강화하며, 비판적인 사고 능력을 잃게 한다.

인간은 누구에게나 자신의 생을 타인에게 조종당하지 않고, 자기의 결정으로 살아가고자 하는 본질적 욕구가 있다. 타인의 노리개나 꼭두각시가 되려는 사람은 아무도 없다. 그에 비해 인공지능, 기계의 조정에 대해서는 한없이 무감각한 것은 아닐까? 우리는 타인이라는 다른 존재의 영향력 행사에는 즉각적으로 반응하면서도 인식하지 못한 기계의 존재에 대해서는 별다른 거부감을 표시하고 있지 않다.

오늘날 인공지능 알고리즘의 조정은 계획적이고 계산적이다. 우리가 인식하지 못하는 사이에 추천되는 광고, 정치적 선전물, 특정 집단을 향한 은밀한 비난이 감정을 교묘하게 이용한다. 그뿐만 아니라 자극적이고 짤막한 콘텐츠를 수시로 주입함으로써 본래 의도한 정보를 차단하고, 스스로 생각할 시도조차 막는 세뇌 작업, 이런 것들이야말로 은밀한 '생각 조정자'이다.

표현과 자기 돌봄

현대 기술의 편익으로 정보의 접근성은 기존과 비교할 수 없을 정도로 개선되었다. 반면에 텔레비전, 신문 등 언론매체, 정치인의 연설이나 권위자의 주장 등이 무분

별하게 넘쳐나면서 오히려 인간의 자기 결정을 방해하는 측면도 만만치 않아졌다. 어쩌면 기술이 발전할수록 인간의 의사 결정은 더 어려워지고 있다는 생각이 들 정도다. 데이터 기술의 진화는 정보의 홍수를 가져왔고, 인공지능 알고리즘이라는 막강한 존재가 등장했다. 이제 독립적 인격체로서 인간성을 지키는 일은 여간해서 쉽지 않다.

이렇듯 넘쳐나는 정보와 기술 환경 영향으로부터 개인의 독자성, 개성을 유지하려는 의지가 인간의 정체성을 지키는 데 무엇보다 중요해졌다. 이전에는 막강한 권력에 의한 조작된 정당성이 자기 결정을 위협했다면, 지금은 효율성으로 치장한 요란한 데이터 값이 우리의 결정을 방해한다. 모두가 옳다고 생각하는 방식 혹은 다수의 의견처럼 보이는 가치가 당연하게 여겨질수록 우리는 더욱 담담하고 차분히 질문할 수 있어야 한다. "이것이 내 생각이나 소망과 일치하는가?"를 말이다.

자율화가 고도화된 인공지능 시대에서 자기 결정의 과정은 갈수록 복잡해지고 있다. 스스로 자아와 객관적인 거리를 유지해야 하고, 세상과 차별화된 자아를 만들기 위해 부지런해질 필요가 있다. 그러기 위해서는 계속해서 나 스스로와 타인과 세상과 함께 마지막 순간까지

'새로 고침'을 해 가며 나만의 알고리즘을 작동시켜 사고를 확장하고 결론을 다듬어 나가는 것이 필요하다. 지금도 세상에는 타자의 은밀한 조정이 계속되고 있기 때문이다.

인간은 어떤 방법으로 위대한 자아상을 만들어 낼 수 있는가? 자기 인식은 스스로에 관해 결정하는 가장 기본적인 행위다. 물론 인식하는 것, 혹은 명상 요법에서 권하는 소위 자기 몸에 대한 '알아차림' 등도 자기 인식과 관련해 중요한 행위다. 그러나 이보다 생각을 경험과 결부해 결괏값을 얻기란 쉽지 않다. 전체 사고의 영역에서는 다양한 생각들이 서로 의존하고 근거를 대어 주면서 상호작용을 하기 때문이다. 과거의 사고, 당시의 감정과 이후의 판단과 의식들이 인과관계를 이루는 과정을 통해서 우리는 자기 인식에 이른다.

하이데거는 "언어는 존재의 집이다"라고 했으며, 비트겐슈타인은 "내 언어의 한계가 곧 내 세계의 한계다"라고 했다. 단편적으로 해석하면, 언어에 대한 찬양으로 느껴질 수 있지만, 이는 언어야말로 인간의 사고와 인식의 도구라는 점을 강조한 말들이다. 그렇다면, 인간이 스스로 누구인지 살펴보고, 그 인식의 세계를 확장하기 위해서는 글을 쓰는 행위, 즉 표현이 자기 증명의 좋은 도구가 된다는 뜻이다.

다소 추상적으로 보일 수 있지만, 인간의 자기 인식과 정체성의 실현은 결국 자기표현에 있다. 자기 인식은 내적 자아의 인식을 통해 인식되지 않는 세상의 것을 자기화하는 것이다. 그리고 표현은 이러한 자기 인식을 완전히 자기화하는 방식이다. 표현의 방식은 다양하지만, 무엇보다 각자가 언어적 표현으로서 글쓰기를 할 때 명료한 전달이 된다. 주제의 선정, 전개, 결론을 글로 표현하는 일에서 인간은 가장 자연스러운 자기 결정에 나아갈 수 있었다.

우리 스스로부터 나오는 상상력은 기계가 대체할 수 없는 무엇이며, 복잡한 감정과 사고가 글과 그림, 행위, 이미지, 영상 등으로 표현될 때 우리는 자기 인식에 원동력을 얻는다. 이러한 표현이 개인의 상상력과 일치할 때 자기 결정의 나침반은 강력한 자기장을 발휘해 각자의 북극성을 가리키는 것이 아닐까?

참고문헌

이희옥(2020). "인공지능의 의사결정에 대응한 자기결정권의 보장에 관한 연구". 한양대학교 대학원 박사학위논문.

Pariser, E.(2011). *The filter bubble: What the internet is hiding from you.* Penguin Press.

Wayne, K. & Sedgewick, R.(2011). *Algorithms(Fourth Edition)*. 권오인 옮김(2018). 《알고리즘: 알고리즘과 자료 구조의 핵심 제4판》. 길벗.

Wittgenstein, L.(1921). *Tractatus logico-philosophicus*. Kegan Paul, Trench, Trubner & Co.

04
타인의 시선과 사회적 정체성

누구나 인생을 살아가는 동안 타인의 시선을 경험한다. 타인과의 경험은 친밀감을 높이기도 하고 감추어진 수치심을 들춰내기도 한다. 우리는 가족, 종교, 공동체의 유대감으로부터 '나'라는 정체성을 형성한다. 이때 언어는 추상적 감정이나 사고를 하나의 규범으로 구조화하면서 투명성을 확장한다. 오늘날 인공지능에 대한 투명성 원칙은 기계의 언어에 대한 인간의 요구다.

AI와 사주?

자기 결정과 타인

인간의 경험은 자신과 외부의 사건들이 실타래와 같이 얽혀 있다. 자기 결정은 그 안에서 인과적 상호작용을 해 이루어지며 우리의 결정에는 타인의 기대와 평가가 상당 부분 영향을 준다. 실제로 학업, 직장, 배우자의 선택 등 인생의 결정은 타인이 원하는 것을 선택하거나 타인의 기대치에 부합하기 위한 나의 바람으로부터 비롯되기도 한다.

자기 결정의 회로는 나와 관계된 타인의 반응으로부터 시작될 때가 많고, 인간은 자기 입법을 작동시키면서 생각이나 행동을 결정하게 된다. 그렇다고 해서 나 스스로 타인의 꼭두각시나 도구가 되려는 것은 아닐 것이며, 나의 과거를 현재의 결정에 투사하려는 것을 원하는 것도 아니다.

타인과 외부의 영향은 우리의 생각과 감정, 일상의 결정에 영향을 주기는 하지만, 인간의 내심과 외부에는 어디까지나 명확한 경계가 있다. 인간의 사고와 행위를 주관하는 존재는 어디까지나 개인 스스로이며, 그것이 가능할 때 우리는 모두 삶의 주체가 된다. 설령 타인과 결부된 사건이 우연히 닥치기도 하지만, 자신을 주제 삼아 타인과의 적정한 거리 두기를 한다면 그들은 자기 결정에 좋은 촉매가 되어 주곤 한다.

타인의 시선

자기 결정적 삶이라고 해서 타인과 무관하지 않다. 오히려 인간은 다른 개별 주체와 공동체를 이루고 살며, 다양한 연관을 맺고 산다. 특히 타인의 인정에 대한 욕구는 매력적이고 강렬하다.

심지어 때때로 우리는 나 자신이 누구이며 어떤 일을 하는지에 관한 것에도 타인의 칭찬과 확인을 받고 싶어 한다. 적당한 비교와 경쟁을 통한 동기부여는 인간의 성장에 도움이 된다. 하지만 이러한 욕구는 가끔은 위험하기도 하다. 예를 들어서 아주 어릴 적부터 부모나 주변의 인정을 크게 받은 사람의 경우 자기 안에 있는 감정이나 소망을 발견해 성장시키기가 어렵다. 또 한 직장에서 뛰어난 업무 능력을 인정받아 크게 성공한 사람들, 일찍이 대중의 인기를 한 몸에 받아 화려한 스포트라이트에 익숙한 사람들은, 어느 날 타인에 의한 인정과 인기가 사그라질 때 더 큰 공허함을 마주하게 된다.

이처럼 타인의 기대와 평가 혹은 타인에게 보이고자 하는 이상적 자아에만 매몰되는 순간 자기 결정은 곤경에 처할 수 있다. 그렇다면 타인이 만든 가치와 선호에

끌려가지 않기 위해서는 외딴섬에 들어가 그들과의 교류를 끊으면 될까? 사실상 네트워크로 연결된 지금과 같은 세상에서 완전히 물리적으로 세상과의 소통을 끊어내기란 쉽지 않지만, 물리적 분리나 세상과의 단절은 자기 결정적 방식은 아니다.

더욱이 지금과 같은 인공지능 환경에서는 인공지능이 유형화된 집단의 특성과 행동 양식을 학습해 재생산하는 알고리즘이 원하건 원하지 않건 간에 무엇보다 더 빠르고 정확하게 우리에게 타인의 시선과 기준을 전달해준다. 이른바 인공지능의 조정은 교묘하며, 다양한 콘텐츠와 기술적 방법을 취하기 때문에 알아차리기도 어렵다. 우리가 자기 결정의 합리적 의사 결정의 작업을 기대할 때 인공지능 알고리즘은 어디까지나 타인인 사람들의 특성, 내 과거 습성을 현재의 작업에 투사한다.

기술이 고도화된다고 한들, 과연 외부와 타자의 대표적인 어떠함이 우리 자신을 설명할 수 있을까? 타인이나 외부의 시선은 인간의 자아상을 점검하고, 과거의 생각과 습성을 자각하게 하기도 하지만, 좀처럼 그것들은 내 안에서 이루어지는 자기기만과 숨겨진 배경을 반영하지 못한다. 인공지능의 결괏값 역시 위와 같은 이유로 왜곡되고 부정적인 자아상을 도출할 수 없는 변수들을 수없이 투영할 수 있다.

상황이 이렇다 보니, 타인으로부터의 시선과 외부로부터 독립성을 유지하기 위해서는 외압으로부터의 공격을 나의 정체성으로 되받아치고, 수비하는 본질적 방법이 가장 쉬운 방법이다. 이를 위해서는 당연히 나의 정체성이 확고해야 하고, 스스로 누구인지, 무엇을 추구하는지를 끊임없이 묻고 성찰하지 않으면 안 된다.

착한 사마리아인의 도덕성

앞서 타인의 시선으로부터 자기 결정적 삶을 지키는 일의 중요성을 살펴보았으니, 지금부터는 타인이 자기 결정적 삶에 미치는 영향에 대해서도 살펴보려고 한다. 인간은 타인과 공동체를 이루며 일상을 공유한다. 사람들은 타인으로부터 무언가를 얻기에 함께 살아간다. 이것을 '타인의 역할'이라고 할 때, 우리는 타인의 힘을 빌려 서로의 안전과 생산력을 얻기도 하지만, 감정적 안전감을 느끼기도 한다. 그리고 같은 공동체 내에서는 상호 존중, 도덕성을 공유하며 서로 그 질서를 교육받는다. 우리는 모두 타인에 의지하며, 타인이 만든 가치와 질서의 권위를 인정하기도 하면서 그것에 의존하기도 한다.

이때 타인과 그 공동체가 정한 권위는 막연히 강압적

인 것만은 아니다. 타인의 질서에 반할 때 벌이나 불이익이 있어 그에 대한 두려움 때문에 권위를 인정하는 것이라면, 이는 자기 결정적 삶이라고 할 수 없을 것이다. 우리가 타인의 이익이나 공동체의 질서에 응하고자 하는 것은, 자신의 이익이나 타인이나 공동체의 이익을 위해서 나의 이익을 양보하거나 어떤 행위를 조정하는 것이 바로 '도덕적 보상'을 주기 때문이다.

한편, 인간의 국가 공동체를 이루고 사는 문화에서 정치 · 경제 · 사회 · 문화에 대한 자신들의 생활 양식에 대한 정의가 규범이다. 규범에는 도덕, 윤리, 법이 영역이 있지만, 헌법은 법규범으로서 공동체의 생활 양식을 정의한다. 헌법적 관점에서는 국가 공동체의 이익을 위해서 개인의 기본권이나 권리를 양보하는 것을 '이익형량(balancing)'이라고 한다. 물론 이는 공공의 이익을 위해서 자기의 권리를 희생시키는 이성적인 판단이기도 하다. 그래서 더 많은 사람들이 규범을 지킬 때 서로 충돌하지 않게 된다. 이로써 개인의 자기 결정을 행사할 수 있는 여지가 확보되는 것은 당연한 이치다.

나아가 타인의 이익을 위해서 나의 행동을 결정하는 일은 우리 자신을 도덕적인 사람으로 만든다. 자기 인식에서 나 자신을 괜찮은 사람으로 평가하게 되며, 이것은 인간의 정체성과 관계된 '자기 존중'으로 이어진다. 이 자기 존중은 타인에 대한 존중을 바탕으로 하고, 타인의 이익을 기꺼이 배려하기 때문에 생존 경쟁 속에서 혼란이 아닌 질서를 낳아 모두에게 이익을 가져다준다. 또한 우리가 맺는 인간관계의 경험을 풍족하게 한다.

피터 비에리(Peter Bieri)는 이를 《자기결정: 행복하고 존엄한 삶은 내가 결정하는 삶이다(Wie Woolen Wir Leben?)》(2011)에서 '도덕적 친밀감'이라고 했다. 인간은 타인과의 관계 맺음 속에서 분노와 원망, 수치심, 후회와 같은 감정을 느끼기도 하지만, 타인의 도덕적 행동에 대해서 감탄하고 존경, 숭고함을 느낀다.

인간이 타인에 대한 긍정적 평가를 통해 서로 의지하게 되면서 따뜻한 이웃이자 동반자가 될 때 우리는 서로에게 의미 있는 존재가 될 뿐 아니라 스스로 중요한 사람이라는 자기 평가를 할 수 있다. 이러한 자기 인식과 타인 인식은 무엇보다 인간 존엄을 강화한다. 인간은 본래 이익을 추구하기도 하지만 도덕적이고 가치 우월성을 지향하는 존재다. 자기 결정적 삶을 지향하는 사람들은 끊임없이 자신의 도덕적 수치심에 관한 경험을 성찰하고, 새로운 자아를 실현하는 결정을 한다. 이상적 자아와 현실의 자아 사이에서의 건강한 비판은 합리적 인간의 내적 결정의 표현이다.

사회적 정체성

인간의 정체성은 태생적으로 얻은 유전자, 성별 등 신체 조건 이외에도 사회적 배경에서 주어지는 요소들에 영향을 받는다. 우리나라의 대법원은 개인정보자기결정권의 보호 대상을 확인하면서 "개인정보자기결정권의 보호 대상이 되는 개인정보는 개인의 신체, 신념, 사회적 지위, 신분 등과 같이 개인의 인격 주체성을 특징짓는 사항…"이라고 하여 인격 주체성을 특징짓는 것이 바로 그와 같은 태생적, 후천적 조건들임을 설명하기도 했다.

여기서는 그중 후천적으로 얻어지는 사회적 정체성을 알아보고자 한다. 혹자는 이를 문화적 정체성이라고도 하지만, 그 명칭이 무엇이든 간에 우리는 각각의 공동체에서 문화라는 복잡하고 다의적인 의미를 통해서 형성된 암묵적인 사회의 법칙 속에서 살 수밖에 없다.

국가 공동체를 비롯해 많은 집단성을 가진 공동체가 있지만, 그 안에서 환경과 타인과의 관계가 세워지며 각각의 유기적 구조 속에 자기 자신과의 관계가 정립된다. 이와 같은 사회적 정체성의 확립은 자기 결정적 삶에서 중요한 기능을 한다.

그런데 사회적 정체성은 무엇으로 습득하는 것일까? 가장 기본적인 도구는 언어다. 인간의 언어는 인간의 체험과 감정을 단순히 맹목적인 느낌으로 내버려 두지 않고, 인간의 직관을 기술하며, 대상에 대한 정체성, 체계적 범주를 구획한다. 이러한 힘이 뛰어날수록 그러한 구성원들이 모인 집단은 결속력을 갖고 규범을 만들어 낼 수 있다. 한 사회의 규범은 구성원들의 암묵적이고 묵시적으로 세운 개념의 총집합이다. 인간은 공동의 이익을 상호 간 약속을 통한 규범으로 세울 때 진정으로 공동체의 구성원이 된다.

인공지능이 변혁기에서 가장 중요했던 것 또한 기계가 인간의 언어를 습득해 자기 학습하는 원리를 터득하는 과정이었다. 그리고 인공지능 기계학습이 과정을 뛰어넘을 때 생성형 인공지능이 등장할 수 있었다. 이는 인간이 언어를 배우고 이해하는 능력을 갖출 때 사회적 정체성을 형성할 수 있는 것을 모사한 것에 지나지 않는다. 인공지능의 투명성에 대한 요구는 인공지능 불가해성에 대한 인간의 한계가 여전히 해소되지 않았다는 방증이다.

이처럼 인간은 공동체의 단어, 문장, 문맥에 숨긴 의미를 이해함으로써 자기 주도적으로 사고할 수 있고, 행동의 방향을 결정할 수 있다. 이에 언어적 능력은 매우 중요하다. 이 능력으로 주변 환경에서 일어나는 일들을 비판적으로 바라볼 수 있고, 외부의 흐름에 쉽사리 휩쓸리지 않는 힘을 얻게 된다.

같은 맥락에서 인간이 모국어에 뿌리를 내려 타인의 언어를 이해하는 것은 의미가 있다. 즉 모국어는 자기 발현으로서 세계의 표현이며, 사회적 정체성이 다른 세계로 갈 수 있는 선택권을 준다.

참고문헌

대법원 2014.7.24. 선고 2012다49933 판결.

Bieri, P.(2013). *Wie wollen wir leben?*. 문항심 옮김(2015). 《자기결정: 행복하고 존엄한 삶은 내가 결정하는 삶이다》. 은행나무.

05
인공지능 결정 시스템의 유형

현대 사회의 위험은 과학기술의 발전과 산업화, 세계화가 맞물려 급기야 인류의 멸종을 가져올 수 있다. 일찍이 울리히 베크는 현대를 '문명의 화산 위에서 살아가는 위험사회'로 표현했다. 현대 사회의 위험과 결부돼 인공지능 결정 시스템은 세계 경제와 산업, 국가안보 등에 영향을 미친다. 그렇다면, 우리의 생활 영역에 광범위하게 사용되는 인공지능 규제는 미려한 접근이 필요하겠다.

AI와 아이돌?

인공지능 결정 시스템의 정의

인공지능이 인간을 보조하는 역할을 넘어 인간을 대체할 때 나타나는 위험 중 하나는 바로 기계의 의사 결정으로부터 인간의 자율성이 침해되는 것이다. 자율성(autonomy)은 인간을 존엄하게 하는 고유성이자 자유로운 선택과 책임을 동반하는 가치인데, 인공지능 결정 시스템이 인간의 선택을 대신하면서 그로 인한 편익과 함께 제반 쟁점들이 해결을 기다리고 있다.

2024년 12월경 우리나라의 인공지능 기본법은 제2조 정의에서 인공지능시스템을 '다양한 수준의 자율성과 적응성을 가지고 주어진 목표를 위해 실제 및 가상환경에 영향을 미치는 예측, 추천, 결정 등의 결과물을 추론하는 인공지능 기반 시스템'으로 정의했다.

이와 같은 정의는 EU 인공지능법에서 인공지능 시스템을 '다양한 수준의 자율성(autonomy)을 가지고 작동하도록 설계되고, 배포 후 적응성(adaptiveness)을 보일 수 있으며, 목적을 위해 예측, 콘텐츠, 추천 또는 결정 등의 산출물을 생성하는 방법을 추론하는 기계 기반 시스템'으로 보고 있는 것과 유사하고 미국 국립표준기술연구소(NIST, National Institute of Standards and Technology)의 'AI 위험관리 프레임워크(AI RMF, AI

Risk Management Framework)'에서 인공지능 시스템을, '주어진 목표 설정에 따라 실제 또는 가상환경에 영향을 미치는 예측, 권장 사항, 또는 의사 결정과 같은 결과물을 생성할 수 있는 엔지니어링 또는 기계 기반 시스템'으로 정의한 것과 유사하다.

각국의 인공지능 규범에서 명시한 정의에 의하면, 인공지능 의사 결정 시스템은 '기계가 인간의 개입 없이 자율적으로 작동'하는, '결정의 결과물을 추론 · 생성하는 기계 기반 시스템'이어서 인간의 선택과 결정을 대체하는 데 활용된다. 인간의 자율성을 토대로 이러한 기술과 서비스가 사용되는 것은 반길 만한 일이다.

그러나 이러한 인공지능 시스템이 인간의 사고, 즉 결정 행위를 대신하다 보면, 인간의 정체성은 여전히 견고할지 의문이다. 일상의 결정은 제아무리 사소하더라도, 우리의 나태함을 막고 적당한 삶에 의지를 주기 때문이다. 그렇다고 일률적으로 인공지능의 개발 및 사용을 금지하거나 제한한다면, 혁신을 막게 된다. 인공지능 의사 결정 시스템이 인간의 기본권에 미치는 부정적 영향은 인공지능 사용으로 인한 이익과의 형량을 통해서 규율하는 방식으로 접근하여야 한다. 기술로 인한 이익을 누리는 자유를 제한할 때는, 그 자유의 제한을 통한 공공의 이익이 크면 클수록 해당 규율은 정당성을 갖게 된다. 규제가 정당성을 확보할 때 효율적인 규제로서 작동하며, 공동체의 신뢰를 얻을 수 있다.

이제는 일정한 수준의 산업화를 이룬 국가에서는 인공지능을 배제한 신사업 발굴은 상상하기 힘들다. 인공지능 위험을 최소화하면서도 그 효용을 극대화할 수 있는 완전한 방법 또한 욕심일 수 있다. 인공지능 시스템의 활용에서 개별적 사례를 충분히 모형화해 우리에게 걸맞은 규율 방식을 찾을 수 있어야 한다.

기본 개념

인공지능 결정 시스템은 어느 날 갑자기 나타난 것은 아니다. 이는 지난한 인공지능 개발, 연구의 역사를 지나오면서 컴퓨팅, 네트워크, 사물인터넷(IoT), 정보통신기술(ICT) 등 저변 기술의 진척을 통해 구현된 것이다. 이러한 배경에서 인공지능 결정 시스템의 개발 목적에서 기본 개념을 나름대로 정의해 구분했다.

검색·추천 인공지능

검색 알고리즘은 수많은 정보가 집적된 인터넷 플랫폼상 정보 처리에 적용되는 논리(logic) 체계다. 21세기 인공지능이 진전되자 인공지능 연구자들과 학자들은 인간을 분석한 데이터와 알고리즘의 편향을 경고해 왔다. 대표적으로 디지털 미디어 연구자인 사피야 우모자 노블(Safiya Umoja Noble)은 '억압적인 알고리즘'이라는 표현을 통해 검색엔진의 정보 편향성을 우려했다. 인류의 역사상 인종과 성, 문화, 계급, 그리고 정서에 따른 차별과 불평등은 언제나 있었다. 그런데 초기 구글의 검색 결과를 추적한 연구 결과에 의하면, 인간 사회의 차별과 편향이 검색 결과를 통해 더 심화할 수 있다는 것이다. 과거와 달리 이제 사람들은 타인을 대면해 만나는 경험 이외에도 정보를 통한 경험을 더 많이, 더 자주 하기 때문이다.

검색 기반 생성형 인공지능의 경우 해당 알고리즘은 검색엔진 등 플랫폼에서 입력된 과제(키워드)에 해당하는 결과를 탐색해 노출한다. 인공지능 추천 서비스는 우선순위, 분류, 연관 지음, 필터링 과정을 통해 데이터를 일반화·패턴화하는 정보 필터링(information filtering)을 거쳐 인간의 경험치를 제공한다.

생성형 인공지능

근래 인공지능의 대중화를 이끈 생성형 인공지능은 대화

형 애플리케이션을 지원한다. 딥러닝과 파운데이션 모델에 기반한 텍스트 대규모 언어 모델(Large Language Model, LLM)은 이른바 기계가 인간어를 자기 주도로 학습하는 점에서 인공지능의 자율화를 한발 앞당겼다. 생성형 인공지능은 이미지, 비디오, 음성 합성 등 다양한 유형의 콘텐츠 생성 · 창작 · 변형을 지원한다. 생성형 인공지능은 검색 플랫폼에서 처리된 결괏값을 재가공한다. 이 과정에서 저작권, 딥페이크 악용과 같은 문제가 발생하지만, 그 문제가 곧바로 인간의 자기 결정 영역을 침해하는 것은 아니다. 생성형 인공지능이 도출한 결과를 채택할지는 어디까지나 인간의 몫으로 자기 결정의 영역에 달려 있다.

예측형 인공지능

정확히 말해 예측형 인공지능은 인공지능 의사 결정 시스템과 완전히 분리되는 개념은 아니다. 유럽연합의 EU 인공지능법 제3조 제1항에서는, '예측(형) 인공지능(predictive AI)'를 기존 데이터를 처리, 학습함으로써 미래에 일어날 일을 예측하는 인공지능 시스템으로 정의하고 있다. 이에 예측형 인공지능은 목적에 맞는 결괏값을 도출하기 위하여 예측 모델과 기계학습 알고리즘을 주기능으로 하는 인공지능 시스템이라고 할 수 있다.

오늘날 예측형 인공지능은 날씨, 주가, 범죄, 소비 행동 분석, 질병, 채용 등 일상의 전 영역에 걸쳐 다양하게 사용된다. 그래서 과학적 결괏값을 도출하는 경우와 사회적 가치 판단을 도출하는 경우의 통제 기준은 달라야 한다. 즉 가치 판단적 요소가 포함된다면 보다 엄격한 기준이 적용되어야 할 것이다. 그러나 양자는 정확한 예측 기능을 통해 인공지능의 의사 결정을 지원하므로 두 가지 기능은 서로 긴밀하게 연관되어 있다. 즉 가치 평가로 인한 위험을 규율한다면, 인공지능 시스템은 사용 목적에 따라 예측 시스템과 결정 시스템으로 구분하는 것이 필요하다.

추론형 인공지능

마지막으로 인공지능 의사 결정 시스템의 기본 개념으로 '추론(형) 인공지능(inferential AI)'이 있다. 추론형 인공지능은 주어진 데이터와 정보를 기반으로 알고리즘의 논리에 따라 결론을 도출하는 추론 기능에 기반한 인공지능 시스템을 말한다. 이 기능은 주로 복잡한 문제의 해결 과정에서 결론 도출에 활용된다. 대표적으로 전문가 시스템, 지식 기반 시스템 등이 있다.

유형

인공지능 결정 시스템은 대표적으로 사용 목적·용도에 따라 유형을 구분할 수 있다. 인공지능 기술이 실제로 적용된 일상적 서비스를 기준으로 인공지능 시스템의 유형과 관련 위험을 살펴보았다.

채용·심사 인공지능 시스템

인공지능 결정 시스템은 개인의 인적 사항 및 과거 행적 등에 기반해 채용, 각종 대회와 금융 서비스에서 지원자를 심사하는 데 활용된다. 채용과 선발대회, 광고의 대상자를 정하는 데 손쉽게 활용되어 인간의 수고를 덜어준다. 특히 채용의 경우 최종적으로 선별되는 데에는 민주주의 시스템에서 일정한 기준을 통한 '기회'를 얻는 것과 밀접하다. 오늘날 한국 사회에서는 경쟁 속에서 제한된 기회를 얻기 위한 과정에서 평등과 공정이라는 가치가 매우 중시되고 있다. 인공지능 시스템은 기업과 기관에서 효율적으로 지원자를 선별해 채용할 때 활용되지만, 어떤 과정에서는 인공지능 결정 시스템에만 전적으로 의존돼 선발된다면 문제가 될 수 있다.

이미 오래전 아마존이 자체적으로 개발한 인공지능 시스템을 2014년부터 서류 심사에서 활용함으로써 인공지능 편향 논쟁에 불을 지폈다. 아마존의 인공지능 채용 시스템은 '여성' 키워드와 '여자 대학교'를 졸업한 지원자에 대해서 불이익을 줌으로써 차별적 결정을 내렸다. 인공지능 시스템의 학습 데이터 편향이 현재의 공정성에 영향을 줄 수 있음을 증명한 대표적 사례다. 이 사례에서 인공지능의 학습 데이터에는 남성이 채용 및 승진에서 우월했으며, 이러한 현상은 당해 채용의 결괏값에도 고스란히 반영되었다.

이렇듯 채용과 같이 사회와 개인에 중대한 영향을 미치는 영역에서 인공지능 결정 시스템의 사용에는 공정한 기준과 절차적 투명성이 무엇보다 요청된다.

복지 행정·금융 인공지능 시스템

정부의 행정 작용과 관련해 기존에 전자적 행정 행위가 인공지능에 위임될 것으로 보인다. 인공지능 시스템은 행정 당국의 의사 형성과 결정, 판단 과정에서 도입될 수 있다. 특히 조세 사정을 위한 재무 행정 처리를 할 때나 국민의 경제생활에 경제적 의무를 부과하는 경우 기본권 제한 문제가 제기될 수 있어 일정한 기준이 필요하다. 또한 국가의 자동적 행정 행위는 국민의 자산, 의료, 주거 등에서 행정 복지 시스템에 빠르게 확대될 수 있고,

기속적 행정 행위로 인공지능 시스템이 직접 행정처분에 상응하는 결정을 하게 된다면, 인간 검토자의 개입과 최종 의사 결정 절차의 투명성이 요구된다.

범죄 예측 인공지능 시스템

범죄 예측 인공지능은 범죄행위 관련 통계에 기반한 예측하는 분석적 기술로서 사법 집행 기구에서 활용되면, 개인의 영역에서 중대한 위험을 초래할 수 있다. 미국과 유럽에서는 1960년대부터 범죄 패턴이나 핫스폿을 밝혀 경찰 행위와 자원 배치를 조정하는 방식이 치안에 사용되었다. 이러한 프로그램은 자동화된 의사 결정 시스템을 통해 범죄 발생 가능성이 도출돼 사전 범죄 예방에 효과적이다. 우리나라에서도 위치 프로파일링 시스템이 범죄 수사 등에서 선호되었다.

그런데 범죄 예측 인공지능 결정 시스템은 범죄의 최초 발생 이후 동일한 유형의 사건이 반복된다는 '범죄 패턴 이론'에 주로 근거하기 때문에 문제시된다. 범죄 패턴 이론에 기반할 때, 수집된 데이터와 알고리즘의 결합은 미래의 범죄 예측에도 경로 의존성을 강화하기에 인공지능 결괏값은 그야말로 현대판 주홍 글씨가 되는 것이다.

참고문헌

김중권(2022). “인공지능시대에 자동적 처분의 법제도화”. 《공법연구》, 51(1), 316~318쪽.

이희옥(2021). “인공지능의 의사결정에 대응한 자기결정권의 보장”. 《헌법학연구》, 27(1), 33~74쪽.

이희옥(2025). “인공지능의 자기결정권에 대한 도전과 법정책적 함의”. 《AI 법제 Insight》, 25(1).

한국법제연구원(2024). “EU AI ACT(번역본)”.

Noble, S. U.(2018). *Algorithms of oppression.* New York University Press.

06
과학 중립성의 착시와 인공지능 윤리

과학기술의 가치 중립성은 지난 20세기 역사만 살펴보아도 회의적이다. 핵무기의 개발은 군사적 목적에 이용돼 수많은 생명을 앗아 갔고 냉전 체제의 공포를 심화했다. 제2차 세계대전 중 나치의 인종주의적 생물학 연구, 생화학 무기의 개발은 어떤 이념과 권력에 종속된 과학기술의 민낯을 드러내기도 했다. 오늘날 인공지능을 중립적 도구로 보는 관점은 현실에 대한 지나친 단순화이자, 미래에 대한 낙관론인지도 모른다.

AI와 야구?

과학기술 가치 중립성의 위험

일반적으로 '과학'이 자연 세계에 대한 진리나 보편적인 법칙의 발견을 목적으로 한다면, '기술'은 과학적 지식을 활용해 인간의 삶에 유용하도록 가공하는 수단이다. '과학기술'은 과학과 기술의 합성어로, 과학 이론 및 발전에 터 잡아 기술은 발전하고, 과학 지식은 기술에 종사하기 위한 필요조건이다. 좀 더 솔직한 표현으로 바꿔 보자면, 과학은 현상을 체계화하고 분석해 그에 대한 설명을 이론화하므로 과학자들에게는 실제적 효용이나 일반 대중의 반응보다 동료 학자들의 인정이 중요하다. 한편, 기술은 일관성이나 합리성의 기준으로 기술 발전을 체계화하는 것을 중시하지 않으며, 그보다 경제적 가치에 무게를 둔다.

이같이 과학과 기술은 본질적으로 동일하지 않으며, 역사적인 해석으로도 그 위상에서부터 차이가 있다. 오늘날 과학과 기술의 관계에 대한 평가는 일률적이지 않지만, 대체로 다음과 같이 정리할 수 있다. 첫째, 과학과 기술은 과학 이론을 제품이나 공정에 응용하는 융합 관계다. 둘째, 과학과 기술은 약한 정도의 시차를 두고 상호작용을 하는 연결 관계에 있다. 셋째, 기술이 과학과 분리되어 별도의 독자성 · 독립성을 유지하는 분리 관계에 있다.

20세기에 와서 양자는 국방, 의료, 우주 개발, 컴퓨터, 인공지능에 이르기까지 사실상 통합되었다고도 볼 수 있다. 우리 헌법 제127조는 과학기술 조항을 통하여 '과학기술'이 국민경제의 발전에 중대한 영향을 미치는 것으로 보아 국가의 의무를 정했다. 인공지능 시대 과학기술이 자연을 포함한 인간 생활에 미치는 영향력은 막강할 뿐만 아니라, 과학자-기술자(개발자)-이용자의 관계가 독립적이지 않다.

이러한 배경에서 과학기술이 중립적이라는 주장은 착시에 가깝다. 알프레드 노벨(Alfred Nobel, 1833~1896)은 나이트로글리세린을 더욱 안전하게 사용하기 위해서 다이너마이트를 발명했다. 그러나 다이너마이트는 본래 의도와 달리, 전쟁 무기로 사용됐고 인간을 죽이는 무기가 되었다. 원자폭탄을 제조한 맨해튼 프로젝트(Manhattan Project)는 과학의 업적인가 아니면 과학 연구의 불명예인가? 당시 과학자들은 인간을 살상하기 위해서 모인 것일까? 이처럼 과학기술은 연구자의 의도와 다른 곳에 쓰일 수 있고, 기술이 고도화될수록 그 위험을 통제하기는 어렵다. 인간의 생명이나 가치를 훼손할 수 있다는 치명적인 위험성은 추상적이지만, 이미 도래한 위험인지도 모른다. 인공지능의 두 가지 속성인 데이터와 알고리즘의 중립성은, 인간의 안전을 전혀 보장할 수 없다. 인간의 결정권이 매우 단단하고 치밀하게 준비되지 않고서는, 그러한 기대는 환상에 가깝다. 이제 과학기술은 어떠한 사회적 결과를 만들었는지에 따라 그 가치가 결정되어야 한다. 즉 인공지능 기술의 자율성과 독자성은 재고되어야 한다.

인공지능 윤리론의 등장 배경

본격적인 인공지능 윤리 담론은 공상과학 소설 작가인 아이작 아시모프(Isaac Asimov)가 단편소설 〈길을 돌아(Runaround)〉(1942)에서 소개한 로봇 제3원칙에서 시작되었다. 이후 로봇에 관한 윤리 담론은 인공지능 기술이 집중 조명된 2010년 전후로, 본격적으로 재점화되었다. 로봇(robot)이란 용어는 체코어 'robota'에서 유래됐으며 카렐 차페크(Karel Capek)의 1924년 연극에서 처음 등장한 이래로 기계들이 그들의 창조자를 파괴할 수 있다는 플롯이 공상 과학 소설에서 보편화되면서 급속도로 퍼졌다고 한다. 실제로 로봇은 인간에게 물리적인 해악을 초래할 여지가 있기는 하다. 그러나 그것은 사용자의 부주의나 기술적 결함에서 비롯된 것이지, 영화 속에 나올 법한 기계의 인간에 대한 물리적인 침해에 대한 두려움과 공포심은 다분히 과장된 것이다. 일본에서는 고령화로 1인 가족이 보편화하면서 건강과 일상생활을 도와줄 '휴머노이드(humanoid) 로봇'이 개발, 확대되는 방안이 모색되고 있다. 다만 아시모프의 로봇 3원칙은 그 상징성 때문인지 최근의 로봇과 신기술에 대한 윤리적 담론을 통해 거론되고 있다.

오늘날 인공지능 윤리 담론은 다음의 두 가지 배경에서 로봇 윤리와 구분돼 형성되고 있다. 하나는 빅데이터 발전에 힘입어 인공지능 기계학습이 폭발적으로 발전했고, 알고리즘의 성능과 예측 모델이 상당한 수준으로 향상된 것이다. 이에 인공지능의 기술적 패러다임이 인공지능 윤리를 새로운 규범적 담론의 대상으로 등장시키고 있었다. 또 하나는, 대다수 글로벌 빅테크가 기반을 둔 미국을 중심으로 각국의 이목이 인공지능 기술에 집중되면서 인류에게 보편타당한 인공지능 윤리 규범의 필요성이 대두된 것이다.

글로벌 거대 기업의 인공지능 윤리

대표적인 인공지능 윤리는 2017년 1월에 인공지능 분야의 전문가로 구성된 민간 단체인 '삶의 미래 연구소'가 발표한 '아실로마 인공지능 원칙(Asilomar AI Principles)'이다. 이 원칙은 인공지능의 위험을 사전에 통제할 수 있는 연구 단계에서의 윤리 문제가 공론화되면서 각계 전문가들의 치열한 논의 끝에 발표된 것이다. 이 원칙은 총 23항목으로 구성됐으며, 연구에서의 이슈(1~5), 윤리 및 가치(6~18), 그리고 장기적 이슈(19~23)에 대한 주제로 정하였다.

무엇보다 아실로마 인공지능 원칙은, 인공지능 연구의 목표를 '인간에게 유용한 지능을 개발하는 것'에 두었다. 또한 인공지능 윤리 담론의 핵심 가치라고 할 수 있는 투명성, 개인정보 보호, 자유와 프라이버시의 윤리와 가치를 언급하고 있다. 또한 미래의 초지능(super intelligence)은 윤리적 이상을 널리 공유하는 방식으로 모든 인류의 이익을 위해 개발되어야 한다는 점이 강조되었다. 이후 기업에서도 인공지능 윤리 원칙이 발표되기 시작했다.

미국의 구글은 인공지능 윤리와 사회적 문제를 연구하고 있고, '구글 인공지능 이니셔티브'를 발표했다. 구글은 모두를 위한 인공지능을 활용할 것을 선언하고, "사회적으로 유익하며, 불공정한 편향을 만들어 내거나 강화하지 않고, 안전성을 우선으로 설계하고, 인간을 위해 책임을 다하며, 개인정보를 보호하고, 과학적 우수성에 대한 높은 기준을 유지하는, 이러한 원칙에 부합하는 용도에만 (인공지능을) 활용한다"라는 인공지능 개발 원칙 일곱 가지를 제시했다.

마이크로소프트도 2018년 연례 개발자 콘퍼런스 'MS 빌드 2018'에서 "마이크로소프트는 인공지능을 기반으로 클라우드와 그에 연결되는 모든 기기와 서비스 전반으로 영역을 확장할 것"이라고 밝혔다. 책임 있는 인공지능의 활용을 위해서 공정성과 신뢰성, 프라이버시와 보완, 포용성을 제시하고, 투명하고 책임성의 가치를 통해서 지켜 나가야 함을 제시했다. 이 밖에 마이크로소프트는 2019년에 '인공지능 개발자를 위한 AI 디자인 원칙'을 발표하면서, 인공지능 로봇 개발에서 요구되는 인류 보호, 투명성, 인간 존엄, 책임 체계 구축, 편견·차별 금지에 대한 윤리 원칙을 밝혔다.

윤리의 규범적 가능성과 한계

이와 같은 인공지능 윤리 원칙은 당시에는 담론을 통해 내놓은 인공지능 규범의 기준이 되었다. 한편 지금의 기준으로 보면, 지나치게 추상적이고 이상적이다. 인공지능 윤리가 인공지능 위험과 관련해 어느 정도 효용과 규범력이 있을지는 점검이 필요하다.

우리나라 표준국어대사전에서 발견되는 윤리(倫理)의 정의는, "사람으로서 마땅히 행하거나 지켜야 할 도리"로, 철학과 윤리학에서 인간 행위의 규범을 연구하는 학문의 의미로도 쓰인다. 윤리(ethics)는 그리스어 '에토스(ethos)'에서 파생된 '에티코스(ethikos)'에서 비롯했으며, 철학적 관점에서는 좋음과 옳음, 쾌락 등 이상적 가치나 규범에 따라 행동하는 당위성을 나타낸다.

그렇다면, 인공지능 규범화에서 윤리와 법은 무엇이 다른가? 미국의 법학자인 제프리 코넬 아자르(Geoffrey C. Harzard)에 따르면, 윤리는 집단 내 구성원 간, 상호인식(mutual intelligibility)이 가능해 그 인식을 공유하는 규범이다. 윤리는 '의사와 환자의 관계', '교사와 학생의 관계'와 같이 사회나 가정에서 규범을 제시하는 암묵적인 기준이 되지만, 상호명료성과 주관성을 고려하는 법적 판단의 대상이 되기는 어렵다. 한편 윤리는 인간의 의사 결정 과정에 수반되는 규범이다. 법이 규범의 한계로서 작동하고, 계약 체결을 통해 그 이행을 요구한다면, 윤리는 공동체에 공유되고 상호 인식한 규범에 대한 구체적인 행위를 요구한다. 그 밖에 윤리는 개방적(narrative)인 특징이 있어 사회적 합의와 인정만 있다면 언제든지 수정될 수 있다.

이와 달리, 법은 사회의 정치적 · 입법적인 권위에 의해 공식적으로 공포되는 규범이자 집행할 수 있는 규범이다. 법은 '재판'이라는 법적 절차를 두고 있다. 제프리 코넬 아자르는 법의 특성으로, 약속을 이행 · 강제하는 특성이 있으며 '집행 가능성'을 제시한다. 법적 이행 절차에서 각각의 행위자들은 상호 간의 인식(inter subjective intelligibility)을 통해서 사법 기능을 이행할 수 있게 된다. 이에 법이 공정성과 신뢰성을 얻으려면, 법관과 입법자, 변호인, 그리고 시민이 법을 같은 의미로 이해하고 있다는 전제가 필요하다. 이러한 법의 규범으로서의 개념은 윤리에 비해 개념적으로 명확하고 좁은 개념에서 안정성을 갖는다고 할 것이다.

참고문헌

김환석(2006). 《과학사회학의 쟁점들》. 문학과지성사.

이희옥(2020). "인공지능의 의사결정에 대응한 자기결정권의 보장에 관한 연구". 한양대학교 대학원 박사학위논문.

표준국어대사전. "윤리"(네이버 국어사전). https://ko.dict.naver.com/#/entry/koko/ed7f6ad4e2a84b228a6e48da4b55b698.

Hazard, G. Jr.(1995). Laws, Morals, and Ethics. *Southern Illinois University Law Journal, 19*, pp.450~454.

McClellan, J. III & Dorn, H.(1999). *Science and Technology in World History*. 전대호 옮김(2006). 《과학기술로 본 세계사 강의》. 모티브.

07
헌법상 자기결정권의 진화

'자유'는 모든 법학에서 인간 존엄을 실현하는 핵심 가치다. 같은 의미에서 오늘날 '자기결정권'은 개인이 자유를 누리는 데 필요한 여타의 권리가 터 잡은 자유권적 기본권이다. 인공지능 시대, 새로운 환경에서 자기결정권은 더 이상 보충적인 기본권에 머물러서는 안 된다. '개인정보자기결정권'과 같은 신생 자기결정권이 인정된 것은 개인의 권리 보호의 필요성이 시급했기 때문이다.

AI와 윤동주?

인공지능 시대 자기결정권의 재조명

인공지능의 의사 결정은 개인과 관련된 데이터와 알고리즘의 처리 결괏값이다. 인공지능의 의사 결정은 의사결정 주체가 아닌 외부의 계산에 따른 주어진, 이른바 프로파일링 등 기계학습의 학습 결과인 점에서 개인의 자기 결정과 대척점을 형성한다. 근래 인공지능 기술의 가시화는 인공지능의 의사 결정에 대응한 인간의 자기 결정에 관한 권리를 행사할 수 있는지를 조용히 계속해서 되묻고 있다.

기계의 자율화된 의사 결정은 인격권, 프라이버시, 자유와 평등의 원칙 등을 침해할 수 있다. 자유민주주의 체계에서 인간의 자기 결정은 헌법상 기본권으로서 터 잡을 때만이 개별 권리로 구체화될 수 있다. 한편, 인공지능의 결정으로 인해 위협받는 이들 가치에는 모두 '자유'라는 공통분모가 있다. 그리고 자기결정권은 개인의 자유에서 전제된 자율성을 통해 인격적 발현, 인간 존엄을 구심적으로 삼는 기본권이다.

그런데 오늘날 자기결정권의 위상과 달리 그에 관한 논의는 충분하지 않다. 자기결정권의 포괄적 권리의 성격 때문에 우리 헌법재판소는 자기결정권의 헌법적 근거를 뚜렷하게 제시하고 있지는 못하는 것 같다. 자기결정권은 수많은 기본권과 권리들의 어딘가에는 존재하며, 그것은 인간의 자유와 자기 결정의 본질을 갖고 있음을 알 수 있다. 자기결정권은 모든 권리에 공통으로 포함되는 자유권적 성격을 갖고 있지만, 정보화 사회와 같이 한 사회의 기술적 패러다임의 전환으로 인간의 일상에 큰 변화가 있게 될 때 그 고유한 힘을 드러내기도 한다.

이러한 배경에서 자기결정권은 인간 사회의 변화와 함께 인간 존엄에 대한 강력한 요구로서, '발견'되어 가는 경향이 있다. 자기결정권은 특정한 기본권에 대하여 보충적 성격으로 인정되기도 하여, 김철수(2010) 교수는 자기결정권을 일반적 행동 자유권으로부터 이해한다. 그에 따르면 자기결정권은 오늘날에도 보충적 성격으로 인정되는 권리에 그칠 수밖에 없다. 그러나 과학기술, 정보, 의료 기술의 발전으로 인해서 개인의 의사 결정과 결부되는 사건에서 '결정'적 측면이 새롭게 발견된다. 한수웅(2017) 교수는 자기결정권을 일반적 행동 자유권과 대비해 '결정'의 측면을 강조했다.

이에 자기결정권이 갖는 포괄적 성격을 '자율성' 측면에서 공통분모로 위치시키고, 자기 결정의 속성 개별적 주제와 연관 지어 '자기결정권'의 개념으로 구조화하는 것은 어떨까.

현대 사회에서 자기결정권의 위상

오늘날 자유민주주의 국가에서 헌법상 기본권인 자기결정권의 가치는 점점 더 강조되고 있다. 근대 사회에서 자기결정권이 독재에 대응한 국가의 존립과 운영이 민주주의로 존재하기 위한 가치였다면, 후기 현대 사회에서 자기결정권은 기술과 자본에 대응한 개인의 자유 및 자기 결정의 수호를 위해서 더욱 강조되는 가치다.

이와 같은 맥락에서 기술 시대 자기결정권에 대한 요구는 정보화 시대 디지털 기술 권력에 대응한 개인정보자기결정권을 탄생시켰다. 우리 헌법재판소는 개인정보의 수집·이용으로 인한 권리 침해를 다투는 사건에서 개인의 정보통제권인 개인정보자기결정권을 확인해 왔다. 그런데 일련의 사건에서 헌법재판소는 개인정보자기결정권에 다른 기본권의 가치도 함께 포함된다며, 개인정보자기결정권침해 여부만을 판단하더라도 다른 기본권 보호 영역에 관한 판단을 갈음할 수 있는 것으로 보았다. 예를 들어 성폭력 범죄자의 신상 등록제도가 인간의 존엄과 가치, 사생활의 비밀과 자유의 기본권이 경합한 경우임에도 헌법재판소는 개인정보자기결정권침해 여부만을 판단했다(헌재 2014. 7. 24. 2013헌마423, 헌재 2016. 2. 25. 2013헌마830 등). 또한 의료보험 수급권자의 진료 정보처리에서 사생활의 비밀과 자유와 개인정보자기결정권이 중첩됨에도 개인정보자기결정권침해 여부만을 판단해 결정했다(헌재 2009. 9. 24. 2007헌마1092). 헌법재판소의 해석은 개별 기본권 측면에서는 아쉬움이 있지만, 정보화 사회에서 개인에 관한 정보가 수집, 보관, 이용됨으로써 발생한 유형적 무형적 손해에 대응한 기본권인 자기결정권이 '개인정보'를 매개로 모색된 것이다.

그런데 이로써는 인공지능에 대응한 인간의 자기 결정을 모두 설명할 수 없다. 다음 장에서 자세히 살펴보겠지만, 인공지능 시대를 맞이해 차원 다른 영역에서 개인의 고유한 자기 결정의 영역을 보호하는 기본권으로서 자기 결정을 발견해 구체화하는 것이 이 시대의 요청일 것이다.

미국에서의 자기결정권

일반적으로 자기 결정은 자기 인생에 관련된 일들에 관한 선택권 내지는 통제권을 의미한다. 다만 헌법적으로 인공지능 시대에 요구되는 자기결정권의 핵심은 미국에서 자기결정권이 발전되어 온 자취를 살펴보아 모티브를 찾을 수 있다.

보통법과 워렌과 브랜다이즈의 논문

미국의 법체계는 우리나라의 법체계와 상당히 다르지만, 미국에서 프라이버시권은 사적 영역(personal space)에서 자기 결정과 비밀을 유지할 권리에서 인정되어 왔다. 이러한 점은 '자기 결정'을 자기에 관한 통제권으로 접근한 우리의 이해와 일맥상통하는 부분이 있다.

1905년 파베시치(Pavesich) 판결에서 법원은 프라이버시권을 인정했다. 이 사건에서 법원은 "프라이버시권 혹은 개인의 홀로 있을 권리는(the right of the individual to be let alone) — 사적인 권리다 — 개인은 항상 자신의 것을 배타적으로 사용·향유 할 수 있도록 보장받는다"라고 하여 개인의 인격·재산상 불가침의 권리를 보통법에서 확인했다.

이 판결은 직후에는 관심을 받지 못했지만, 프라이버시의 권리 형성에 선구적인 역할을 한다. 바로 워렌과 브랜다이즈(Warren & Brandeis, 1890)의 논문에 인용되면서 새롭게 주목된 것이다. 그들은 보험사가 파베시치의 사진을 영리적으로 무단 이용한 행위를 인격권 침해 이론으로 구성함으로써 프라이버시권에 독자적 의미를 부여했다. 인간은 사적인 것이 세상에 공표될 때 신체적인 폭행을 당하는 것 이상으로 의식과 감정에 침해를 입는다. 이에 사적 영역의 비밀, 익명성, 고립의 보호를 통해서 인간으로서 존중받을 수 있으며, 이것이 소극적 자유 의미에서 프라이버시의 핵심적 본질인 '불가침의 인격(an inviolate personality)'이라고 할 것이다.

자기결정권의 인정으로서 프라이버시권

미국에서는 1960년에 프라이버시에 관한 법리가 불법행위(four distant torts)로 접근되기도 했지만, 프라이버시는 독자성을 갖는 가치다. 연방대법원은 일반적인 프라이버시권을 선언한 적이 없지만, 헌법상 묵시적으로 보장되는 권리로 본다. 프라이버시권이 헌법상 권리로 확인된 것은 기혼자인 남녀에 대해 피임 기구의 판매 · 배부, 상담을 금지하는 코네티컷주법의 위헌 사건(Griswold v. Connecticut, 381 U.S. 479, 1965)에서부터다.

이후 미국 연방대법원은 사적 영역과 공적 영역에서의 프라이버시권을 판례를 통해 확립하게 된다. 특히 자기결정권의 개념 요소라고 할 수 있는 선택과 통제를 '적극적 자유' 측면의 프라이버시로 인정하여 자기결정권을 프라이버시에 근거해 보호했다. 연방대법원은 로 대 웨이드 사건(Roe v. Wade, 410 U.S. 113, 1973)에서 프라이버시권을 포괄적으로 보아 여성의 낙태에 관한 결정권도 포함된다고 했다.

이러한 경향은 1980년에 와서 두드러졌다. 보어스 대 하드윅 사건(Bowers v. Hardwick, 478 U.S, 186, 1986)을 시작으로, 미국 법원은 2003년 동성 간의 내밀한 성행위를 범죄로 규정한 텍사스주법에 대한 위헌성을 다투는 로런스 대 텍사스 사건(123 S. Ct 2472, 2003)에 걸쳐 사적 영역에서 개인의 행위결정권으로서 프라이버시권 침해 여부를 판단했다.

우리나라의 자기결정권

우리나라에서도 자기결정권은 헌법상 명문 규정은 없지만, 헌법재판소와 학설로부터 인정된다. 헌법재판소는 자기결정권의 근거를 헌법상 특정 조문에 제한하지 않는다. '일반적 행동 자유권'이 자기결정권의 하나로 이해될 때, 헌법 제10조와 헌법 제37조 제1항, "국민의 자유와 권리는 헌법에 열거되지 아니하는 이유로 경시되지 아니한다"라는 규정이 제시되고, 자기결정권에서 대부분 헌법 제10조 전단인 행복추구권이 근거로 제시된다. '일반적 행동 자유권'과 '자기결정권' 모두 개별적 기본권에 보충적으로 적용되기도 하지만, 개별 영역에서 필요에 따라 독자적인 기본권으로 인정된다.

헌법재판소가 독자적으로 자기결정권을 인정한 것은 다음과 같다. 먼저 생명과 신체에 관한 '환자의 자기결정권'과 '죽음에 대한 자기결정권'이다. 각각은 특정 의료 행위를 선택하거나 연명치료를 계속, 중단할 권리다. 또한 '배아 생성에 대한 자기결정권(헌재 2010. 5. 27. 2005헌마346)' 및 '임부의 자기결정권(헌재 2019. 4. 11. 2017헌바127)'이 있다. 또한 '성적 자기결정권'이 있다. 헌법재판소는 구 형법 제304조의 혼인빙자간음죄의 위헌소원 결정에서 남성의 성적 자기결정권을 인정했다(헌재 2009. 11. 26. 2008헌바385 등). 이 외에도 '피성년후견인의 자기결정권(헌재 2019. 12. 27. 2018헌바161)', '소비자의 자기결정권'(헌재 2015. 4. 30. 2012헌바358 등) 등이 인정되었다. 마지막으로 정보 주체가 개인정보의 공개와 이용에 관하여 스스로 결정할 수 있는 권리로서 '개인정보자기결정권'이 있다(헌재 2005. 5. 26. 99헌마513 등).

참고문헌

김철수(2010). 《헌법학신론》. 박영사.

이희옥(2020). "인공지능의 의사결정에 대응한 자기결정권의 보장에 관한 연구". 한양대학교 대학원 박사학위논문.

한수웅(2017). 《헌법학》. 법문사.

헌재 2005. 5. 26. 99헌마513 등. 《헌법재판소판례집》, 17-1.
헌재 2009.9.24. 2007헌마1092. 《헌법재판소판례집》, 21-2상.
헌재 2009.11.26. 2008헌마385. 《헌법재판소판례집》, 21-2하.
헌재 2010.5.27. 2005헌마346. 《헌법재판소판례집》, 22-1하
헌재 2010.7.29. 2008헌가19등. 《헌법재판소판례집》, 22-2상.
헌재 2014.7.24. 2013헌마423등. 《헌법재판소판례집》, 26-2상.
헌재 2015. 4. 30. 2012헌바358 등. 《헌법재판소판례집》, 27-1상.
헌재 2016.2.25. 2013헌마830등. 《헌법재판소판례집》, 28-1상.
헌재 2019.4.11. 2017헌바127. 《헌법재판소판례집》, 31-1.
헌재 2019.12.27. 2018헌바161. 《헌법재판소판례집》, 31-2하.
Warren, S. & Brandeis, L.(1890). The Right to Privacy. *Harvard Law Review, IV*(5), pp.193~220.

08
개인정보자기결정권의 한계

개인정보자기결정권은 '개인정보의 처리에 대한 통제권'을 의미한다. 그런데 '개인정보'를 매개로 한 보호 체계는 고도화된 기술 환경에서 개인의 자기 결정을 위태롭게 한다. 인공지능 환경에서도 개인정보 보호의 필요성은 커지고 있지만, 당시 확인되지 않은 보호 영역을 개인정보자기결정권 내에서 무리하게 확장하는 것은 개인정보와 인공지능 의사 결정이라는 규율 대상 간의 차이점에서 오는 혼란을 키울 수 있다.

인공지능 결정에 대응한 세 가지 방안

인공지능 결정에 대응한 인간의 자기결정권을 정립한다고 할 때, 기본권 논의는 세 가지 방향에서 접근될 수 있다. 첫째는 개별적 기본권 안에서 해결하는 방안이고, 둘째는 개인정보 데이터에 기반한 의사 결정으로 보아 기존의 개인정보자기결정권으로 해결하는 방안이다. 그리고 마지막은 '인공지능 의사 결정에 대응한 자기 결정'의 보호 영역을 발견해 보장하는 방안이다. 이 중 '개인정보자기결정권' 안에서 해결하는 것의 가능성을 살펴본다.

21세기 디지털 혁명 이후 자기결정권은 개인정보와 관련해서 특히 더 중요해졌다. 정보화 사회에서 개인정보는 개인이 원하든 원하지 않든 간에 다양한 목적으로 활용되며, 정보 주체인 개인에게는 그 처리에 관한 동의권이 있어 '거부'할 수 있는 선택권이 있지만, 이를 행사하게 되면 일상에 불편을 감수할 수밖에 없는 딜레마에 빠진 상황이다. 이제 "정보의 소유가 곧 권력"이라는 은유는 더 이상 새롭지 않다.

그런데 개인정보를 활용하는 주체에는 개인정보를 상업적 목적으로 이용하려는 민간 기업뿐만 아니라, 국가 통치, 행정 정책의 집행 등의 목적으로 개인정보를 활용하는 국가와 정부 기관도 포함된다. 더욱이 인공지능은 이러한 현상을 가속했고, 자기 결정에 도전이 되고 있다. 이에 대응해 21세기에 새롭게 인정된 자기결정권인 개인정보자기결정권은 우리의 자기 결정을 보호해 줄 수 있을지를 헌법재판소의 결정을 통해 비판적으로 살펴보았다.

헌법재판소의 결정례

우리나라에서는 헌법재판소가 지문날인제도 결정(헌재 2005. 5. 26. 99헌마513 등)에서 개인정보자기결정권을 기본권으로 인정한 이후, 개인정보자기결정권은 헌법상 기본권으로서 자리매김하고 있다. 동 결정은 학계에서 주장해 온 자기 정보 통제권 내지는 정보자기결정권에 대한 논의를 수용하고, 개인정보의 보호를 법 제도적 차원에서 나아가 기본권 차원에서 보장한 것으로 평가된다.

이 사건에서 헌법재판소는 "개인정보자기결정권은 자신에 관한 정보가 언제 누구에게 어느 범위까지 알려지고 또 이용되도록 할 것인지를 그 정보 주체가 스스로 결정할 수 있는 권리이다"라고 했고, "개인정보자기결정권은 정보 주체가 개인정보의 공개와 이용에 관하여 스스로 결정할 권리"라고 판시함으로써 개인정보자기결정권의 정의를 제시했다.

다만 헌법재판소는 관련 결정들에서 개인정보자기결정권을 인정하면서도 그 침해 주장을 쉽게 받아들이지 않았다. 대표적으로 서울특별시 교육감 등이 교육정보시스템(NEIS)에 졸업생들의 성명, 생년월일, 졸업 일자 정보를 보유하는 행위의 위헌성을 다투는 사건(헌재 2005. 7. 21. 2003헌마282 등)에서 합헌 결정을 내렸다. 또한 국민기초생활 보장법 제23조에서 급여 신청자에게 금융거래 정보의 제출을 요구하는 규정의 위헌성을 다투는 사건(헌재 2005. 11. 24. 2005헌마112) 및 의료 기관에 환자들의 의료비 내역을 국세청에 제출하는 의무를 부과한 의료급여법 시행령의 위헌성을 다투는 사건(헌재 2009. 9. 24. 2007헌마1092)에서 각 기각 결정을 내렸다. 또한 피의자가 검사로부터 혐의 없음의 불기소 처분을 받으면 혐의 범죄의 법정형에 따라 지문 정보, 인적 사항, 죄명, 입건 정보 등 수사 경력 자료에 관한 정보를 보존하고, 범죄 수사 등에 이용하는 것의 위헌성을 인정하지 않았다(헌재 2009. 10. 29. 2008헌마257). 이 밖에도 헌법재판소는 게임산업진흥에 관한 법률 조항의 위헌성 확인을 요청한 사건(헌재 2015. 3. 26. 2013헌마

517), 청소년 보호법에서 정보 통신망을 통해 청소년 유해 매체물을 제공하는 자에게 이용자의 본인 확인 의무를 부과하는 규정에 대해서 기각 결정을 내렸다.

이와 달리, 헌법재판소는 4급 이상 공무원들의 병역 면제 사유인 질병명을 관보와 인터넷을 통해 공개하도록 하는 공직자 등의 병역 사항 신고 및 공개에 관한 법률(2004. 12. 31. 법률 제7268호로 개정된 것) 조항의 위헌성을 인정했고(헌재 2007. 5. 31. 2005헌마1139), 정보 통신 서비스 제공자에게 본인 확인 조치 의무를 부과하여 게시판 이용자가 본인 확인 절차를 거쳐야만 게시판을 이용할 수 있도록 하는 본인확인제를 규정한 정보통신망 이용 촉진 및 정보 보호 등에 관한 법률 조항에 대해서는 개인정보자기결정권 침해를 인정했다(헌재 2012. 8. 23. 2010헌마47 등). 아울러 통신비밀보호법(2005. 5. 26. 법률 제7503호로 개정된 것)에서 통신 사실 확인 자료(위치정보 추적 자료)에 관한 부분이 헌법상 영장주의를 위반해 청구인들의 개인정보자기결정권을 침해한다고 봤다(헌재 2018. 6. 28. 2012헌마191 등). 또한 국민건강보험공단이 급여 신청자들에게 민감 정보에 해당하는 2년에서 3년 기간의 요양급여 명세를 요청한 사건에서도 개인정보자기결정권에 대한 침해성을 인정했다.

개인정보자기결정권의 보호 영역과 문제점

헌법상 개인정보자기결정권은 정보화시대에서 독자적인 헌법상 기본권인 만큼, 기술 환경에서 자기결정권의 독자적인 보호 영역을 설정했어야 한다. 그런데도 인격권, 사생활의 비밀과 자유, 개인정보 등 보호 영역에서 혼란을 주고 있다.

인격권

개인정보자기결정권의 침해를 주장하는 사건에서 청구인들은 인격권 침해를 주장했고, 헌법재판소는 인격권적 이익을 함께 판단하는 경향을 보인다. 본래 인격권의 보호 영역은 인격권과 충돌하는 가치나 기본권의 이익과의 섬세한 형량을 통해서 설정된다. 예를 들어 명예권 침해 여부를 판단하기까지는 표현의 자유 내지는 일반의 알 권리와 같은 다른 기본권의 보호 영역에 있는 법익 간의 균형, 위법성 조각 사유 등이 세세하게 고려될 수 있다.

그런데도 관련 사건에서는 인격권 침해 여부를 판단해야 함에도 개인정보 침해 위주로만 접근되면서 보다 구체적인 사정들로부터 판단되어야 할 인격권의 보호 영역이 단선적으로 판단받을 우려가 있다.

사적 영역의 자유

개인정보자기결정권과 개인정보 보호 법제에는 모두 개인정보가 매개하는 개인의 사생활 비밀과 자유에 관한 기본권 내지는 권리를 전제한다. 개인정보에는 민감한 정보와 그렇지 않은 일반 개인정보가 있지만, 개인정보가 특정 개인과 연결되는 순간 다른 정보와의 결합으로 개인 및 그의 사생활을 유추할 수 있는 정보를 제공할 수 있다.

이 때문에 개인정보자기결정권에는 사생활의 비밀과 자유에 대한 권리도 함께 포함되는 것처럼 이해되고 있다. 예를 들어 헌법재판소는 성폭력 범죄자에 대한 신상등록 제도가 사생활의 비밀과 자유와 다른 기본권을 침해한다고 주장된 사건(헌재 2014. 7. 24. 2013헌마423 등)에서 개인정보자기결정권의 침해 여부를 판단하면서 사생활의 비밀과 자유도 개인정보자기결정권의 보호 영역에 있음을 암시하고 있는데, 이러한 헌법재판소의 판례 경향은 단적으로 표현하기에는 개인정보자기결정권을 정보화 사회의 포괄적 기본권으로 만드는 것과 다름 없다.

개인정보 보호

헌법재판소는 지문 날인 제도 사건(헌재 2005. 5. 26. 99헌마513)에서 개인정보자기결정권을 정보화 사회의 새로운 헌법적 권리로 승인하면서, 개인정보자기결정권의 내용에 대해서도 밝혔다.

이 사건 판시에 따르면, 그 보호 대상이 되는 개인정보는 "개인의 신체, 신념, 사회적 지위, 신분 등과 같이 개인의 인격 주체성을 특징짓는 사항으로써 그 개인의 동일성을 식별할 수 있게 하는 일체의 정보"라고 할 수 있고, 그 개인정보에는 "반드시 개인의 내밀한 영역이나 사사의 영역에 속하는 정보에 국한되지 않고 공적 생활에서 형성되었거나 이미 공개된 개인정보"까지 포함하는 것으로 이해된다. 개인정보자기결정권이 보호하는 대상으로서 개인정보의 범위에 공개된 개인정보를 포함하는 것은 타당하다. 개인정보는 공개된 정보이든 민감한 정보이든 개인의 인격 실현과 관련해 보호되어야 하기 때문이다. 그런데 '인격 주체성을 특징짓는 사항' 내지는 '동일성을 식별할 수 있게 하는 정보'라는 표현에서 개인정보자기결정권이 보호하고자 하는 인격권은, 타인과의 관계에서 형성되는 사회적 인격권에 가깝다고 이해된다. 그렇다면 개인정보자기결정권의 보호 대상은 개인정보인가? 아니면 개인정보를 매개로 한 인격권인가? 개인정보는 정보 주체를 식별할 수 있는 정보로서 개인정보 보호법상 보호 대상이 되고 그 처리가 동 법의 규율 대상이다. 그렇다면 헌법상 기본권인 개인정보자기결정권이 '개인정보'를 보호 대상으로 보고 있으므로 하위 법률의 보호 대상과 차별점을 발견하기 어렵다.

개인정보자기결정권의 한계

개인정보자기결정권은 정보화 사회에서 개인정보의 처리로 인한 정보 주체의 개인정보 보호와 자기 정보에 대한 통제권을 강화하기 위한 취지였으나, 개인정보자기결정권의 보호 대상을 개인정보로 봄으로써 개인정보와 매개된 모든 정보 활동이 부당하게 제한될 우려가 있고, 개인정보자기결정권의 보호 영역 또한 무리하게 확장할 우려가 있다.

이것은 마치 개인정보자기결정권을 절대적 지배권으로 보는 것과 다를 바 없다. 개인정보 보호는 정보 주체의 정보에 대한 자유를 보호하는 가운데 존중되어야 하는 가치이고, 인격권이나 사생활의 비밀과 자유는 자기

결정의 전제가 되는 헌법적 가치이기 때문에 항상 개인 정보자기결정권의 가치와 겹치거나 같은 층위에서 설명되어야 하는 기본권이나 권리는 아니다.

참고문헌

이희옥(2020). “인공지능의 의사결정에 대응한 자기결정권의 보장에 관한 연구”. 한양대학교 대학원 박사학위논문.

헌재 2005.5.26. 99헌마513 등. 《헌법재판소판례집》, 17-1.

헌재 2005.7.21. 2003헌마282 등. 《헌법재판소판례집》, 17-2.

헌재 2005.11.24. 2005헌마112. 헌법재판소공보, 110.

헌재 2007.5.31. 2005헌마1139. 《헌법재판소판례집》, 19-1.

헌재 2009.9.24. 2007헌마1092. 《헌법재판소판례집》, 21-2상.

헌재 2009.10.29. 2008헌마257. 《헌법재판소판례집》, 21-2하.

헌재 2012.8.23. 2010헌마47 등. 《헌법재판소판례집》, 24-2상.

헌재 2014.7.24. 2013헌마423. 《헌법재판소판례집》, 26-2상.

헌재 2015.3.26. 2013헌마517. 《헌법재판소판례집》, 27-1상

헌재 2018.6.28. 2012헌마191 등. 《헌법재판소판례집》, 30-1하.

헌재 2018.8.30. 2014헌마368. 《헌법재판소판례집》, 30-2.

09
인공지능 시대 자기결정권의 독자적 인정

인공지능의 의사 결정에 대한 개인의 자기 결정이 인정되려면 헌법상 기본권의 보호 영역이 확인되어야 한다. 그도 아니라면, 개인정보자기결정권에 인공지능 의사 결정에 대한 개인의 '자기 결정'의 청구권적 권리가 충분히 확보되어야 했다. 이러한 절차 없이 개별 법률에서 인공지능 의사 결정에 대한 선택권을 두는 것은 위헌적 요소가 있다.

AI와 화장품?

인공지능 시대, 자기결정권의 체계와 성격

새로운 기본권이 실질적으로 기능하기 위해서는 권리의 실체가 확보되어야 한다. 이에 인공지능에 대응한 자기결정권의 내용을 구체화함으로써 '자기 결정'의 실체를 밝히고자 한다. 이를 위하여 자기결정권의 성격을 분석해 본다.

첫째, 자기결정권은 자유권적 성격을 갖는다. 자유권적 권리는 헌법에서는 '국가로부터(from~)의 자유'를 의미한다. 사생활의 비밀과 자유 측면에서 자기결정권의 성격은 국가 권력에 대한 방어적 · 소극적 권리이지만, 동시에 인간이라면 국가의 형태와 상관없이 갖는 권리이기도 하다. 이전에 개인정보자기결정권은 능동적 · 적극적 권리의 성격이 있음에도, 지금까지는 정보 주체의 동의권에만 의존해 통제 중심의 권리로 취급된 경향이 있다.

둘째, 일반적 인격권적 성격을 갖는다. 인격권의 핵심이 되는 인격성은 정신적 · 육체적 측면에서 인격의 온전성 내지는 정체성－개인이 스스로 존중되고, 존중받음을 인식해야－, 개성의 보호가 필요하고, 타인과의 관계에서 형성되는 사회적 인격상에 관한 측면에서 자기결정권, 자유로운 인격의 형성으로서 자기실현, 자기표현 측면에서의 자기결정권의 의미가 있다. 독일 연방헌법재판소는'그 사람의 표현에 대한 처분권' 또는 '특정한 인격 상을 전달하고자 하는 결정의 자유'를 일반적으로 인정한다(BVerfGE 35, 202, 220; BVerfGE 82, 236, 269.).

자기 결정의 실질적 보호

자기결정권의 보호 범위와 관련하여, 제럴드 드워킨의 자기 결정에 관한 실질적 독립성과 절차적 독립성에 관한 분석을 고려할 수 있다. 그에 따르면 개인의 자기 결정에 관한 독립성의 구조는 실질적인 자기 결정과 절차적인 자기 결정의 속성으로 나뉜다.

제럴드 드워킨의 자율성의 개념은 자기 지배와 합리적 인간관에 대한 이상향을 갖는다. 이사야 벌린 역시 인간의 합리적 자아를 이성, 높은 차원의 본성, 장기적으로 보다 많은 만족을 가져다줄 것이라는 '합리적 계산'에 의해 찾아내는 자아에서 찾았다. 그래서 완전한 자기 결정의 자아는 '진정한', '이상적인', '자율적인', 내가 '최선의 상태'에 있을 때다.

한편, 제럴드 드워킨의 '자기 결정'에 관한 두 가지 관점은 '자기결정권의 보호 범위와 제한'의 문제와 관련하여 다음의 두 가지 질문과 맞닥뜨린다.

첫째, 자기결정권에 전제된 자율성은 실질적 독립성 혹은 절차적 독립성을 전제로 하는가? 그렇다면 그것은 자기결정권의 보호 범위가 될 것인가?

둘째, 자기결정권의 행사를 자율성에 기반하여 개인에게만 맡기는 것이 정당한가?

이 중 실질적 자기결정권 보장의 문제는 '의사 결정 주체의 동의(informed consent) 내지는 거부 의사(informed refusal)'의 프레임에 제동을 건다. 바로 의사 결정 주체의 실질적 자기 결정이 인정되지 않는 형식적 동의나 거부 의사가 정당화되기 어렵기 때문이다.

그렇다면, 자기결정권의 실질적 보장은 헌법적으로는 어떻게 모색되어야 하는가? 이 질문은 자기결정권 보호의 한계에 관한 문제와도 맞닿아 있다.

자기 결정의 실질적 독립성

자기결정권의 인격적 주체이자 행사자인 개인은 모든 상황에서 타인이나 외부의 개입 없이 자기와 관련된 사항에 대해서 스스로 결정할 수 있는 독립된 존재이어야 한다. 이처럼 자기 결정의 실질적 독립성은 좁은 의미에서 자기 결정의 독립성을 뜻한다.

실질적 독립성을 중시하는 철학자 로버트 폴 울프(Robert P. Wolff)에 따르면, 궁극적 자기 결정에 이르는 타인의 명령은 실질적인 독립성을 방해하는 요소가 된다. 이때 개인의 자기 결정은 포기되고 다수의 의지에 따라 '약속'이라는 의무를 만들어 냄으로써 자신의 자기 결정은 좌절되게 된다는 것이다.

엄격하게 의사 결정의 실질적인 독립성을 강조한 입장은 인간이 완전한 자기결정권을 행사하려면 결정에 대한 판단 기준마저도 외부에 영향을 받지 않아야 한다고 한다. 그런데 자기결정권의 실질적 측면과 절차적 측면을 모두 고려하는 제럴드 드워킨에 의하더라도 실질적 독립성이라는 것은 하나의 바람직한 방향일 수는 있어도 현실적으로 고수될 수 있는 가치나 개념은 아니라고 한다.

드워킨은 실질적 독립성만을 자기 결정의 전부로 여기는 것을 비판했다. 사회의 미덕으로 여겨지는 예의, 도덕, 관습적인 가치들은 때때로 개인의 자기 결정과 충돌하게 된다고 한다.

그러나 이와 같은 언급이 곧 실질적 독립성의 무용성을 뜻하는 것은 아니다. 오히려 자기 결정의 실질적 독립성이 충족될수록 개인의 자기결정권의 내용이 충실해지는 측면이 있고 진정한 자유라는 소극적 자유에도 가까워진다. 비슷한 맥락에서 원치 않는 인공지능의 의사 결정을 거부하고 직관적인 인간의 선택권을 확보하여 의사 결정을 보장하는 데 실질적 독립성은 여전히 중요하다.

이와 달리, 전통적인 자율성 능력 모델은 개인마다 다양한 의사 결정 능력을 고려하지 않고 보편적 의사 결정을 강요한 결과, 지금에 와서 균열을 맞이할 수밖에 없었다. 따라서 자기결정권의 보호 범위에는 자기 결정의 실질적 독립성까지 포함하는 것이 타당하다고 할 것이다.

자기 결정의 절차적 독립성

자기 결정의 절차적 독립성은 공정한 절차를 법적 제도적으로 마련하는 것이다. 그래서 의사 결정에서 개인의 자유와 책임을 제도적으로 확보할 수 있다는 점이 강조된다.

실질적 독립성을 주장한 입장은 개인들의 자기 결정에서 자율성의 능력에 영향을 미치는 재능, 성품, 가치, 욕구, 신념 및 정치적 성향 들은 매우 다르므로, 절차적 독립성에 따라 자율적인 자기 결정인지를 판단할 수는 없다고 한다. 즉 자율성은 오직 자기 결정과 자기실현의 행사, 그것을 가능하게 하는 기술(사회적 지원)로 나타날 뿐이라고 한다.

이에 대해서 절차적 독립성을 강조한 입장에서는 자기 결정에 요구되는 인지 능력과 관련해 개인의 자율성의 능력을 자기 발견과 자기 주도적 기술, 자기 규정의 기술을 연마하고 행사하는 것이라 한다. 그들은 개인의 내적 능력이 부족할 경우, 기술적 지원을 통해서 결핍이 보완될 수 있다고 주장한다. 그러한 주장에 따르면 이때 자기실현을 위한 개인의 내적 기술을 연마하는 것에도 사회적 지원이 가능하며, 그 역시 실질적 독립성을 고려할 때 의미가 있는 것이다.

정리하면, 두 가지 자기 결정의 독립성은 상호 보완적이다. 자기 결정의 자율성은 실질적 독립성에서 정당화될 수 있지만, 절차적 독립성 측면에서 보강이 되는 경우에야 자기 결정을 두텁게 보호할 수 있다는 결론에 이른다.

합리적인 자기 결정의 보호 범위

앞서 소개한 자기 결정의 내용으로서 실질적 독립성과 절차적 독립성을 인공지능에 대응한 자기결정권의 보호 범위에 적용해 보자. 먼저 자기 결정 과정의 실질적 독립성은, 자율성의 소극적 자유와 맥을 같이 한다. 그런데 그것만으로는 개인의 자기결정권의 보장이 충족되기란, 현실적으로 쉽지 않다.

고도화된 기술 사회에서 개인의 기술에 대한 이해력이 천차만별이다. 대표적으로 디지털 환경에서 소외된 계층에 대해서는 사회 공동체가 나서서 절차적 독립성을 보강하자는 것이다. 즉 양자의 개념은 모두 자기결정권 보호 범위의 설정에 필요하다.

나아가 개인의 자기 결정 과정에서 합리성의 획득에 대한 부분은 개인에게 맡기되 개인이 합리적인 판단을 할 수 있도록 하는 절차에 무게를 두는 것이 필요하다.

이와 같은 점은 인공지능의 의사 결정에 대응한 자기결정권의 보호에서 매우 중요하다. 인공지능이 진화될수록 기술에 대한 불투명성과 불가해성은 짙어져 갈 것이다. 현재도 개발자들은 각자가 다른 프로젝트의 과정에 참여하고 있고, 다른 개발자의 기여도를 추적하기 어려운 상황이다.

이러한 현실에서 하물며 인공지능에 문외한 개인이 인공지능의 의사 결정 처리 과정과 그로 인한 영향력을 인식하고 이해하는 것은 더더욱 어려워질 것이다.

이와 같은 상황에서 개인이 종국적인 의사 결정 권한

을 행사하기란 현실적으로 불가능에 가까운 일이다. 인간 개개인의 능력도 다르지만, 개별 국가마다 기술 경쟁력이 다름으로 인한 권력 구도에서 완전한 의사 결정을 행사하기는 어려울 것이다.

그런데도 여기서 실질적 독립성만을 강조하게 되면 현실적으로는 인공지능의 의사 결정이 종국적인 결정이 되어 버릴 수 있을 것이다. 그것은 때로는 기술의 보유에 따른 권력관계에서 비롯되기도 하지만, 인간의 나태함이나 어려운 상황에서의 굴복, 무력감에서도 비롯된다.

따라서 인공지능의 의사 결정에 대응한 자기결정권은 절차적 독립성의 자기 결정의 강화를 통해서 실질적 독립성이 갖는 한계를 보완할 수 있을 것이다.

참고문헌

김영태(2014). "의료행위와 환자의 자기결정권에 관한 고찰 – 대법원 2014. 6. 26. 선고 2009도14407 판결을 중심으로". 《의료법학》, 15(2), 3~29쪽.

배현아(2017). "환자 자기결정권과 충분한 정보에 근거한 치료거부(informed refusal): 판례연구". 《의료법학》, 18(2), 105~138쪽.

송윤진(2016). "의료적 의사결정에서 자율성 능력 모델의 한계와 그 대안의 필요성". 《법철학연구》, 19(3), 45~88쪽.

이희옥(2020). "인공지능 의사결정에 대응한 자기결정권의 보장에 관한 연구". 한양대학교 대학원 박사학위논문.
Berlin, I.(1969). *Four essays on liberty.* Oxford University Press.
Dworkin, G.(2012). *The Theory and Practice of Autonomy.* Cambridge University Press.
Wolff, R. P.(1970). *In defense of anarchism.* Harper & Row.

10
자기 결정의 신화와 선의지

자기결정권은 때로 완전무결한 것으로 여겨진다. 완벽한 자기 결정이란, 상황에 대한 인식 능력과 인간의 자율적, 이성적 사고 과정, 그리고 각자가 속한 사회 공동체에 대한 완벽한 이해가 자기 지배를 통해서 이루어질 때만이 가능하다. 완벽하지 않아도 자기 결정은 행복한 삶을 위해 중요하다. 개인의 결정은 최선이 있을 뿐이고, 바로 그 점에서 숭고하다.

종교와 AI?

자기결정권의 기본권적 한계

인공지능이 이끄는 변화에 도태되지 않으면서 그로 인한 유익을 누리려면, 인공지능 의사 결정에 대응한 자기결정권의 보호 모델이 유연하게 설계되어야 한다. 기술 시대 자기결정권은 매우 중요한 가치다. 그러나 자기결정권을 절대적인 권리로 여겨서는 곤란하다. 인공지능의 의사 결정에 대응한 자기결정권은 두 가지 측면에서 기본권적 한계를 갖는다.

첫째, 개인의 자기 결정은 공익적 가치와 충돌할 수 있다. 대표적으로 국가는 국민의 안전, 공공복리 등 공익을 위한 목적에서 인공지능 의사 결정 시스템을 사용함으로써 개인의 자기결정권을 제한할 수 있다. 1만 1,265km에 이르는 독일의 아우토반(Autobahn)은 속도 제한이 없는 자유의 상징으로 알려졌다. 그런데 2019년 독일의 교통위원회가 사망자 감소 및 탄소 배출량 감소를 목적으로 아우토반에서 최고 속도 제한을 도입해 논란이 되었다. 이때 해당 기관이 인공지능의 측정에만 의존함으로써 속도위반을 판단해 과태료를 부과한다면, 개인의 자기결정권과 대립할 수 있고, 위헌성 문제가 제기될 수 있는 것이다.

한편 디지털 플랫폼에서 인공지능 알고리즘으로 표현

된 결과물은 헌법 제21조의 제1항에 의해서 보장되는 표현의 자유의 보호 대상이 된다. 표현의 자유가 보호하는 표현 매개체는 특정 형태에 국한되지 않는다. 즉 알고리즘도 포함될 수 있고 '예술 · 저작 · 발명의 자유'의 표현의 수단 또는 그 자체로 헌법 제22조가 보장하는 '예술 · 저작 · 발명의 자유'의 보호 대상이 될 수 있다.

따라서 이용자가 기업이 서비스나 상품에 인공지능 알고리즘을 활용하는 것을 제한하거나 금지를 요구하는 경우 당해 기업 등은 헌법상 제15조의 영업의 자유, 제21조 제1항의 표현의 자유 및 제22조 제1항의 예술의 자유를 제한받게 된다.

둘째, 인공지능의 의사 결정에 대응한 자기결정권은 자기 결정에 전제되는 자유와 자율성이라는 조건이 완전하지 못하다. 인공지능의 의사 결정에 대한 개인의 자율성은 매우 취약하다. 이론적으로 인공지능의 의사 결정에 대응한 자기 결정의 보호 범위는 실질적 독립성까지로 설정되어야 하고, 자기 자신에게 유리하지 않거나 비합리적인 결정의 자유까지도 보호 대상이 되어야 한다. 그런데 자기 결정의 '자율' 패러다임은 자유롭고 합리적인 인간이 자기에게 유리하거나 자신이 원하는 결정을 할 수 있는 능력에 따라 법적 운명을 결정할 수 있을 것을 전제로 한다. 자율성의 실질적 독립성을 강하게 관철하게 되면 타인의 가치 또는 기본권, 자기의 이익까지도 희생하는 결과를 초래하게 된다.

오늘날 인공지능을 통제하는 국가와 기업에 대응할 때, 개인은 자기결정권을 행사하는 주체임에도 인공지능이라는 복잡하고 불투명한 기술적 특성으로부터 자기결정에 필요한 정보와 인식, 판단 능력에서 열악한 지위에 있다.

합리적인 자기결정권의 설계

인공지능의 의사 결정에 대하여 개인의 자기결정권을 보호하는 그 방안은 입법 · 사법 · 행정을 통틀어 법 정책적으로 접근될 수 있다. 인공지능 기술의 복잡성과 향후 발전 가능성을 염두에 두었을 때 유연한 해결 방안으로서 필요 최소한의 입법과 자율규제가 모색될 수 있다.

우리나라에서는 2024년 12월에 인공지능 발전과 신뢰 기반 조성 등에 관한 기본법(2025. 1. 21. 제정)이 발표됨으로써 시행을 앞두고 있다. 이 법은 국내 사장 또는 이용자에게 영향을 미치는 '고영향 인공지능'을 중심으로 국가 시책 마련의 근거, 사업자의 법적 의무 등을 규정하고 있다.

인공지능의 의사 결정에 대응하여 개인이 의사 결정 주체로서 최종적인 판단을 하려면 의사 결정 능력이 필요하다. 여기서 우리 법은 독립적 의사 결정 능력을 갖춘 주체라면, 누구나 추상적 의사 결정 능력만 있으면 최소한의 의사 결정 능력이 있는 것으로 판단한다. 다만 앞으로는 인공지능의 의사 결정을 개인이 이해하고, 판단하며, 수용 · 거부할 수 있는 것에 나아가 기술 이해력 등 기존에는 요구되지 않았던 능력이 추가되어 요청될 수 있다.

이에 개인은 인공지능의 의사 결정에 관한 정보를 이해하고, 그것의 실재적인 효과를 이해하여야 하므로 일반적인 의사 결정보다 더 높은 수준의 능력이 요구될 것이다. 이러한 점은 개인 스스로가 갖춰야 하기보다는 공적 기구와 사업자의 조치가 우선되어야 한다.

인공지능 통제자의 선(善) 의무

근래 우리나라를 비롯한 각국에서는 인공지능 분야에서 입법이 시행되고 있지만, 기술의 과도기에서는 유연한 규범과 사업자의 자발적 참여에 기반한 자율 규제가 요청된다. 21세기에 와서 인공지능의 붐을 다시 맞이해 기술을 안전하게 활용하려는 목적에서 인공지능 윤리가 범국가적으로 마련되었다.

특히 인공지능 윤리는 인공지능 기술을 통해 서비스를 제공하는 기업들이 선제적으로 채택하는 자율적 규율이 되었다. 다만 윤리의 특성상 법적 강제력이 없기에 이행 후 규범력을 승인하는 것은 각자의 몫이다.

이에 사업자에 대해서는 세부 항목에 대한 필수적 요소를 확인하고 평가하는 컴플라이언스(Compliance) 및 권리 분쟁으로 인한 혼란을 줄일 수 있는 서비스 약관을 권고할 수 있다. 컴플라이언스, 즉 내부 평가제도에는 인공지능 서비스에 대응한 설명된 선택권의 제공과 데이터 전처리 과정의 적정성, 합리적인 수준의 정보 공개 의무(투명성) 등이 평가 요소로 고려될 수 있다. 이처럼 유연한 규제로서 인공지능 윤리 규범이 있고, 인공지능의 지속적인 발전은 사회적 숙의를 거친 공동체의 규범의 성패에 달려 있다.

선(善) 의무와 책임의 양분

개인의 자기결정권을 보장하는 측면에서 인공지능 사업자의 선(善) 의무를 제시할 수 있다. 살펴보듯이 인간 의사 결정자는 결코 합리적이기만 한 존재는 아니기에 이마누엘 칸트(Immanuel Kant)가 바라보는 이상적 인간의 '선의지'에서 채택한 표현이다.

사업자의 선 의무가 기술적, 경제적으로 가능한 수준에서 자율적으로 준수될 수만 있다면, 산업에서도 선순환이 이루어지기 때문에 사업체에도 유리하게 작용할 수 있다.

사업자의 선 의무는 결정 주체인 개인에게 인공지능의 의사 결정을 검증, 선택하는 기회를 줌으로써 인공지능의 의사 결정에 대한 책임을 개인과 배분하는 결과를 추구한다. 한편, 인공지능 의사 결정의 신뢰성 측면에서 인공지능 의사 결정 시스템의 기술적 측면의 수준을 현실화할 필요가 있다. 특히 기술적 조치 의무로 인한 문제 발생 시, 사후적인 책임 소지를 분명히 하기 위해서 구체적인 기술적 의무 사항을 정기적으로 업데이트하고, 이에 대한 검증 및 평가 결과를 남길 필요가 있다.

사업자의 경우 기업체의 규모와 인공지능 의사 결정이 이용자에게 미치는 중요도, 영향력 등을 기준으로 해 기술적 조치 의무에 관한 책임의 수준도 달리 판단될 수 있으므로 기술 환경에 부합한 수준을 스스로 설정, 준수하는 것이 필요하다.

그러나 선(善) 의무는 사업자에게만 있는 것은 아니다. 인공지능의 의사 결정에 대한 위험을 사회 공동체의 위험으로 인식한다는 전제에서 국가는 헌법에 따라 일차적인 책임을 지게 된다. 그 위험이 국가로부터 비롯되면 국가가, 사인으로부터 비롯되면 사인이, 사인으로부터 유발되더라도 국가가 책임지는 경우가 있을 것이다. 각자의 역할과 책임은 입법과 정책의 결정에 따라 정해지겠지만, 모든 법 정책은 인간 의사 결정자의 자발적이고 독립적인 의사 결정의 실현을 목적으로 한다.

인공지능의 의사 결정권에 대한 위험은 개인과 국가, 그리고 기업이 함께 분배하여야 한다. 이렇게 역할과 책임을 분배하는 구조에서는 국가, 기업, 개인이 각자의 자율성과 책임 내에서 그 기능에 충실할 수 있는 장점이 있다. 다만 현실적으로는 주로 기업이 알고리즘의 설계와 자체 감독 및 평가에 대한 권한을 갖게 되므로, 각자의 책임은 권한에 따라서 균형 있게 배분되어야 할 것이다.

정리하면, 개인은 자기 책임에 입각한 최종 결정자로서 자기 결정을 행사할 수 있어야 하며, 기업은 스스로 설계한 알고리즘의 구조화에서 개인의 자기 결정을 존중하여야 한다. 마지막으로 국가는 자기 결정의 보호가 사회적 공조로 모색되어 갈 수 있도록 하는 것에 그 역할이 있다. 이러한 삼각 구도가 균형을 이루면서 인공지능이 구현될 때 인공지능은 인간과 공존할 수 있을 것이다.

참고문헌

이기우(2019.2.8). "아우토반 '속도 제한' … 독일 사회 발끈". 조선일보. https://news.chosun.com/site/data/html_dir/2019/02/08/2019020800159.html

이희옥(2020). "인공지능의 의사결정에 대응한 자기결정권의 보장에 관한 연구". 한양대학교 대학원 박사학위논문.

이희옥

네이버 정책전략실에서 근무한다. 알리안츠생명보험과 네이버 법무실을 거쳤다. 한양대학교에서 학사·석사·박사를 마쳤고, 전공은 헌법학이다. 인간과 기술에 대한 문제를 연구하며 민간 자율정책 기구와 공공기관의 자문, 학회, 저널 등을 통해 활발한 활동을 이어 가고 있다. 한양대학교에서 겸임교수로 있다. 주요 연구로는 "개인정보자기결정권에 관한 비판적 검토"(2016), "네이티브 광고와 소비자 보호에 관한 법적 연구"(2018), "빅데이터 환경에서 보험업상 개인정보의 보호와 활용"(2019), "인공지능 의사결정에서의 이익조정과 이원적 규제모델에 관한 연구"(2020), "저널리즘에서 인공지능 활용과 기본권 보호"(2021), "인공지능 편향 통제를 위한 챗봇 윤리 가이드라인"(2023), "가짜뉴스에 대한 합헌적 규제를 위한 고찰"(2023), "미국의 저널리즘 보호법에서 살펴본 국내 저널리즘 지원 정책의 방향성"(2024), "인공지능 주권 논의와 데이터 법정책에 관한 비판적 고찰"(2024), "인공지능의 위험에 관한 기본권 논의와 입법 대응"(2025) 등 다수의 학술지 논문이 있다. 2022년 12월 "메타버스 내 적대적 언행(Hate Speech) 규제방안에 관한 연구"(2022)로 한국언론법학회에서 제6회 〈유당신진언론법상〉을 수상했다.